SHODENSHA SHINSHO

神さまと神社

——日本人なら知っておきたい八《や》百《お》万《よろず》の世界

井上宏生

祥伝社新書

はじめに

見えているようで目に見えず、知っているようで知らず、世話になっていないようで世話になっている。その摩訶不思議《まかふしぎ》な世界が日本の神々の世界であり、私たちの身近にある神社であり、むずかしくいえば神の道、いわゆる「神道《しんとう》」だと思う。

日本人は宗教に無関心だといわれ、ときに無宗教な民族だともいわれる。

「私は無神論者でしてね」。そうニベもなく片づける人たちも少なくない。かつての私自身もそうだったように思う。少なくともキリスト者だった経験はないし、実家はたしかに浄土宗の檀家《だんか》だったが、仏教徒だと意識したことはない。イスラム教とも無縁である。

「なにをいっているのですか。そんなあなたを無神論者だというんですよ」

宗教活動に熱心な人にいわれれば、断固として否定するのはむずかしい。しかし、宗教的な行為に熱心だからといって、信仰心が篤《あつ》いとはかぎらない。熱心すぎて他者に信仰を強制することもある。それは他者の心の世界を踏みにじることである。

逆に、宗教的な意識がないにもかかわらず、ある行為がふと宗教の香りを感じさせたりする。

ある老婆が寺の山門《さんもん》を通りすぎるときに手をあわせ、神社の鳥居の前で軽く会釈したとしよう。彼女には明確な信仰心はないのだが、彼女の行為にはどことなく宗教的な雰囲気が漂っている。他者に信仰を強制するよりははるかに宗教的である。

そう考えれば、日本人は宗教に無関心ではないし、無宗教でもないと思われる。ただ、宗教を強く意識していないだけである。いや、私たちの暮らしに宗教の匂いが染みこみ、宗教を宗教と感じないのかもしれない。あまりにも日常的すぎるからだ。

それが日本の神々であり、鎮守《ちんじゅ》の杜の世界だとしたらどうだろう？

日常的すぎるからこそ、見えているようで目に見えず、知っているようで知らず、世話になっていないようで世話になっているのだとしたら？

初詣や神前結婚式がそうである。

この本ではそんな日本の神々の世界を書こうと思う。

そう、見えているようで目に見えず、知っているようで知らず、世話になっていないようで世話になっている摩訶不思議な世界を。それとも、あなたは日本の神々と神社の世界を知っていますか？

井上宏生

神さまと神社　日本人なら知っておきたい八百万の世界●目次

第4章 伊勢神宮と皇室とお伊勢参り

第5章　知っておきたい神々と神社　145

第6章 日本を代表する神社とその神々 197

編集協力●(有)フレッシュ・アップ・スタジオ
本文図版作成●渋川泰彦

第1章

日本人と神さま

日本の神々が棲む杜《もり》と社《やしろ》

伊勢に住んでいたころ、私は人影のない早朝に伊勢《いせ》神宮の内宮《ないくう》の宇治《うじ》橋をわたり、杉木立にひびく玉砂利《たまじゃり》の音を聞くのが好きだった。参道の大気は清冽《せいれつ》だった。

脳は動きを停止し、自然のなかに吸いこまれていく感覚を味わった。

このような朝、私はこの杜《もり》と玉砂利の社《やしろ》に祀《まつ》られた神が天皇の祖先だとは思いもしなかった。神社のなかで特別な存在だとも考えなかった。ただ、清冽な大気にピンと背筋を伸ばし、玉砂利の音に耳を澄まし、心地よい緊張感に浸《ひた》っていた。前夜、深酒をしたとしても、この領域に足を踏み入れれば、わが身が引き締まったにちがいない。

ある若い女性編集者は高校時代に修学旅行で内宮を訪れたというが、「あそこには特別の気を感じましたね」、彼女はそう私に語っていた。彼女に篤《あつ》い信仰心があったわけではない。内宮に棲《す》む神々をくわしく知るはずもない。ただ、古代を連想させる杉の巨木にかこまれ、清冽な大気を肌で感じたとき、彼女の心が揺さぶられたのだろう。

現在、私は東京大学の本郷《ほんごう》キャンパスの近くに住んでいるが、農学部脇から急な坂道を下ればつつじで知られる根津《ねづ》神社の杜にぶつかり、本郷通りから旧中山道《なかせんどう》に折れると、東洋大学のキャンパスに接して白山《はくさん》神社がある。さらに、本郷通りからお茶の水方面に歩くと、ビル街の一角に神田明神《かんだみょうじん》があり、そこからほど近いところには湯島天神《ゆしまてんじん》がある。

こう考えれば、私は神々にかこまれて生きているようなものである。

しかし、根津神社の祭神がスサノオノミコト（須佐之男命）であり、徳川の六代将軍家《いえ》宣《のぶ》がこの社の氏神《うじがみ》だったとは知らなかった。

白山神社が北陸から岐阜にかけての霊峰、白山を信仰した、いわゆる白山信仰の末社《まっしゃ》だとは知っていたが、その信仰心のために境内を散策したわけではない。紫陽花《あじさい》の季節、雨に濡れたその花が好きだったからだ。

湯島天神は小高い丘の上にあり、版画家の友人の工房から真下に眺められる。伊勢神宮のような宏大な杜があるわけでもない。神田明神とおなじ都会のなかの神社である。そこには菅原道真《すがわらのみちざね》が祀られ、本家が九州福岡の太宰府天満宮《だざいふてんまんぐう》だと知っている。小学校にあがる前、九州に生まれた私は両親に連れられて天満宮を訪れた記憶がある。その天満宮の親戚筋が私の住まいの近くにある。そう考えると、妙な感慨を覚えたりする。

私のなかに神々に対する特別な信仰心があるわけではない。私がふと社を訪れ、通りすがりの社に立ち寄るのは、そこに緑にかこまれた空間があり、街なかとは異なる凜《りん》とした空気が漂っているからだ。心を癒《いや》してくれるような気がするからだろう。

それが日本の神々と神社に対する平均的な感覚ではないだろうか。

それに比べ、キリスト教を信仰する人たちはみずからの意志で教会に足を運び、十字を切って聖なる像に祈りをささげる。仏教徒はそれぞれの信仰にしたがって念仏を唱え、法華経《ほっけきょう》をあげたりする。そこには目に見える形で十字架を背負った教会があり、仏像を安置した寺院がある。キリスト教徒は聖書を、仏教徒は経典を手にしている。

私はそこに日本の神々とキリスト教や仏教との相違を感じるのである。

キリスト教のリンゴと仏教の蓮華《れんげ》と…

キリスト教では草花がきわめて重要な位置を占めている。

たとえば、『創世記《そうせいき》』の第三章の第七節にはこう書かれている。

「ついにその果実を取りて食らい、またこれをおのれとともなる夫に与えければ、彼食らえり。ここにおいて彼らの目ともに開けて、彼らその裸体なるを知り、すなわち無花果樹《いちじく》の葉を綴《つづ》りて裳《も》をつくれり……」（関根正雄、木下順治編）

これはエデンの園でアダムとイブが罪を犯してしまう話である。

ここで言う禁断《きんだん》の実はリンゴであり、キリスト教ではリンゴは罪悪を象徴し、イチジクは肉欲をあらわしている。教会はザクロで暗示される。キリスト教ではさまざまな草花がシンボライズされ、人間の罪と罰、さらには愛と清純を表現している。

キリスト教では聖書と草花は切っても切れない関係にある。そのため、聖書に登場する植物の研究がさかんだ。エルサレムのヒブルー大学には聖書植物学という分野があり、アメリカには聖書に登場する植物をあつめた聖書植物園まであるという。

仏教の世界でも、植物は忘れられない存在である。

その代表的な存在が蓮華《れんげ》であり、蓮華は仏教のシンボルとされている。『阿含経典《あごんきょうてん》』はその美しさを、「水面に清らかな花を結ぶその姿が、あたかも汚悪の世間を超越している聖者そのものの姿だ」、こう讃えている。法華経も蓮華とは無縁ではない。なぜなら、法華経とは「蓮華にたとえられる正しい教えの経典」という意味だからだ。さらに、仏や菩《ぼ》薩《さつ》は蓮台《れんだい》に坐しているし、大菩薩もその手には蓮華をもっている。

また、釈迦《しゃか》を生んだインドでは古来から樹木が崇拝されていた。

そこには神霊が棲《す》むと考えていたからだ。それだけに、修行者たちは樹木のもとに坐して修行をかさね、とくにアシヴァッタ樹（インドイチジク）のもとで瞑想《めいそう》するのを望んだといわれる。インドではその樹木が尊敬され

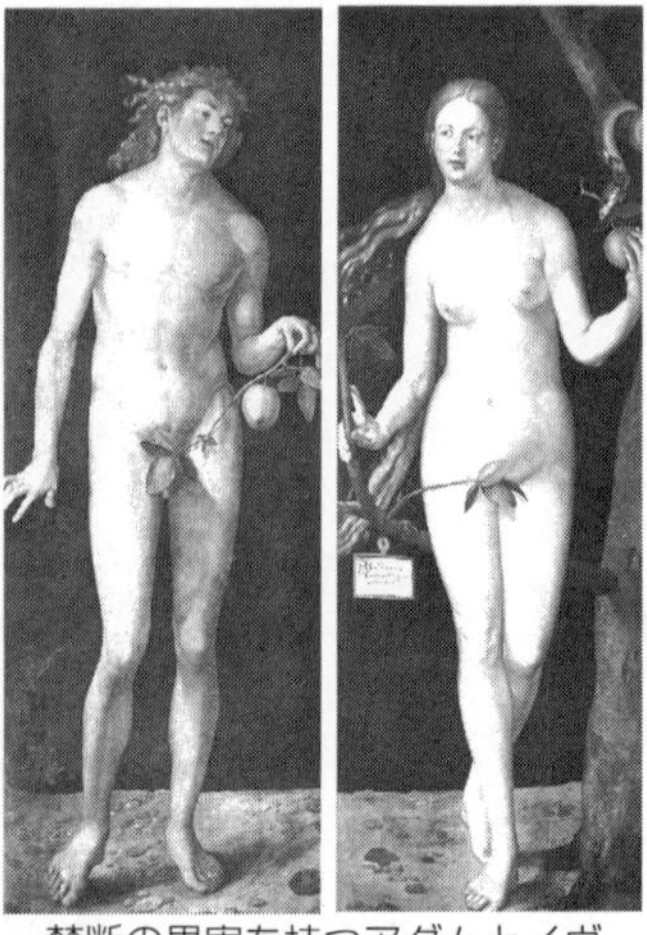

禁断の果実を持つアダムとイヴ

ていたからである。釈迦もアシヴァッタ樹のもとで瞑想にふけり、悟《さと》りを開いている。以来、この樹木は菩提樹《ぼだいじゅ》と呼ばれている。

では、日本の神さまと植物の関係はどうだろう？

そう考えてみるが、キリスト教のリンゴや無花果、仏教の蓮華や菩提樹のような存在はすぐには浮かばない。「神木《しんぼく》」という言葉は耳にするが、それがどんな木なのか、具体的なイメージは湧《わ》いてこない。ようやく浮かぶのがサカキ（榊《さかき》）である。

蓮の華

榊はツバキ科の常緑樹をいう。神社では玉串《たまぐし》として神前に供えたり、神事ではお祓《はら》いに使われたりする。これはわが国では古来からの「聖木」だとされている。

その歴史は古く、すでに『日本書紀《にほんしょき》』の天《あま》の岩戸《いわと》の神話に登場している。

それによると、アマテラスオオミカミ（天照大神）はスサノオノミコトのあまりの乱暴に怒って天の岩屋に身を隠し、たちまち天地は常闇《とこやみ》になってしまった。あわてた八百万《やおよろず》の神々はアマテラスオオミカミを岩屋から誘い出そうと知恵をしぼる。

　やがて八百万の神々は岩屋の前に五百箇真坂樹《いおつのまさかき》を立てて八《や》咫鏡《たのかがみ》や玉などを飾り、言霊《ことだま》の呪力に秀でたアメノコヤネノミコト（天児屋根命）が朗々と祝詞《のりと》を奏し、アメノウズメノミコト（天鈿女命）が神がかりのような状態で踊っている。このとき、外の騒ぎをなにごとかと思ったアマテラスオオミカミがかすかに岩屋の戸を開いたという話である。

　ここに登場する真坂樹《まさかき》がサカキである。一説によれば、サカキはアマテラスオオミカミと八百万の神々との対話の橋渡しをしたとも考えられている。

　とすれば、サカキはキリスト教のリンゴや仏教の蓮華とは意味あいを異にしてくる。リンゴは罪悪をあらわし、蓮華は法華経になったが、サカキ

天の岩戸の前に集まった八百万の神

は神々の対話を橋渡しし、神事に使われることはあっても、それ自体に深い意味がこめられているわけではない。

サカキのほかにも、杉の木や松の木が神木とされることもある。

たとえば、茨城県の鹿島《かしま》神宮の奥殿の背後には、樹齢一二〇〇年といわれる杉の大木がそびえている。奥殿で参拝すると、奥殿の屋根越しに杉の大木が見えるし、おのずと大木に頭を下げている形になる。この杉の大木は神木だと考えられているという。おそらく、杉の大木には神が宿っていると考えられ、奥殿の背後に配されているのだろう。

そういわれれば、「なるほど神木か」と思うのだが、杉の木にあえて深い意味を見出そうとはしない。ただ、遠くの大木に圧倒され、思わず頭を垂れてしまうのである。

では、キリスト教のリンゴや仏教の蓮華と、日本の神々にまつわるサカキや杉の大木とはどう異なっているのだろう？　それは教義《きょうぎ》があったかどうかだと思われる。

キリスト教や仏教には聖書や仏典があり、教義が語られている。その教義をシンボライズしたのが草花や樹木だった。それに比べ、サカキや杉の大木に教義の匂いは漂っていない。サカキは神々に必要とされ、杉の大木はそれ自体が神さまだったのである。

日本人の自然崇拝から生まれた神々

伊勢の二見浦《ふたみがうら》は注連縄《しめなわ》で結ばれた夫婦岩《めおといわ》で知られ、かつては修学旅行のメッカだったし、夏ともなれば、松林を背にした浜辺は関西や名古屋からの海水浴客でにぎわった。

海水浴場の左奥、松林の一角には伊勢神宮が所管する御塩殿《みしおでん》神社がある。そこでは五十鈴川《いすずがわ》の河口に近い御塩浜の満ち潮を利用して荒塩がつくられる。荒塩は焼き固められて堅塩という天然の塩になり、これが神宮の神々に供えられる「御塩」となる。

私は一八歳から二一歳の半ばまで伊勢とその周辺に住んでいたが、最後のほぼ一年をすごしたのがＪＲ参宮《さんぐう》線の二見浦駅に近い民宿「ヤマト」だった。

だが、二見浦で住んでいた当時、神々のことに関心はなかった。御塩殿神社のことも、ヤマトヒメノミコト（倭姫命）が二見浦あたりに上陸し、五十鈴川をさかのぼり、内宮の地にアマテラスオオミカミを遷座《せんざ》したという伝承にも。あのころ、私は「ヤマト」の離れで読書三昧の日々をすごし、気がむけば浜辺に寝転んで海を眺めていた。

ただし、松林を背になにげなく海を眺めていると、ふと神々を感じる瞬間が訪れたりする。それはアマテラスオオミカミやスサノオノミコトといった名のある神々ではない。ある瞬間、外海《そとうみ》から押し寄せる荒々しい波や、朝の清冽な大気に感じる神々だった。いま、それが古代人が最初に肌で感じた神々ではなかったのか、そう考えたりする。

それをあらためて実感したのは熊野の神倉《かみくら》神社を訪れたときだ。

熊野三山といえば、新宮市に鎮座する熊野速玉《はやたま》大社、那智《なち》の滝で有名な熊野那智大社、本宮町の熊野本宮大社をいうが、神倉神社は速玉大社に近い神倉山の頂にあり、社殿の裏手にはゴトビキ岩という巨岩が突き出ている。というより、巨岩に小さな神殿がへばりついているような感じだ。見あげていると、巨岩に圧倒されそうである。

古代人にとって、ゴトビキ岩は神だったのではないか。そう感じてしまう。

専門家によれば、ここではゴトビキ岩が神の棲む家（磐座《いわくら》）だったという。だとすれば、のち、ゴトビキ岩を守るような形で神殿がつくられたのだろう。そう考えれば、神殿が巨岩にへばりついているのも理解できる。岩が主役だったのである。

ゴトビキ岩

おなじ熊野には、ほかにも岩が主役の神社がある。花《はな》の窟《いわや》神社である。

花の窟神社は熊野灘《くまのなだ》に面した七里御浜《しちりのはま》にあり、そこではゆうに五〇メートルを超す切り立った崖がそびえている。この神社は『日本書紀』にも登場し、国生み、神生みの神として知られるイザナミノミコト（伊邪那美命）を祀っている。ただし、崖の前には玉垣《たまがき》をめぐらした拝所があるだけだ。神社のはずなのに、神殿はどこにも見あたらない。それもそのはず、崖そのものがご神体であり、神々が棲むイワクラなのである。

神殿をもたない神社で有名なのが奈良県桜井《さくらい》市の大神《おおみわ》神社だろう。

大神神社には神門や拝殿はあっても、神々が鎮座する神殿はない。それは花の窟神社に似ている。神殿はないが、神さまはいる。その神は拝殿の背後に控えている三輪山《みわやま》だ。参拝に訪れた人たちは拝殿を通してご神体の三輪山を拝むというわけである。

私たちの遠い祖先は巨岩や崖や山に神々の

大神神社のご神体「三輪山」

磐座（いわくら）

霊魂が棲んでいると信じ、それらを崇拝していた。崇拝するだけでなく、彼らは杉の大木や巨岩や山と語りあっていただろう。文明を知った私たちはそんな聴覚の能力を失ってしまったが、自然人だった彼らには不可能ではなかったはずだ。彼らは自然にひそむ神々の声にしたがって行動していたのである。

そんな彼らに人工的な神殿は必要ではなかった。神となる巨岩や崖や山がなくても、神々を必要とするときには神々を呼べばよかった。祭の場所を臨時につくれば、神々がはるばる訪れてくれるし、祭りが終われば神々はいずこかに帰っていったのである。

それは私たちの遠い祖先がまだ素朴に、気ままに生きた時代だった。

神殿の誕生――旅する神々が神殿に――

伊勢神宮の外宮から内宮にむかう道は御幸《みゆき》道路と呼ばれる。

その途中、神宮文庫前でバスを降りると、道のむこうに大鳥居が見える。大鳥居をくぐり、玉砂利の参道をゆっくりと下っていくとき、私はいまが昼だというのを忘れてしまう。

杉の木立ちが陽の光をさえぎってしまうからだ。不気味でさえある。

その突きあたりがヤマトヒメノミコトを祀る倭姫宮《やまとひめのみや》である。

『日本書紀』によると、伊勢の地にアマテラスオオミカミが祀られたのは垂仁《すいにん》天皇の時代だといわれ、天皇の次女、ヤマトヒメノミコトがアマテラスオオミカミを祀る場所を探し歩き、ようやく探しあてたのが明るい海に面した伊勢だったとされている。

いまから四〇年前、私が一八歳だったとき、私はひとりでヤマトヒメノミコトを祀る倭姫宮の前にたたずんでいた。宮といっても、社務所があるわけでもなく、神職《しんしょく》がいるはずもない。質素な白木の社が音のない薄闇の谷底で眠っているのである。

あの日、私の胸に素朴な疑問が浮かんだのを記憶している。

なぜ、ヒトは社という形を残すのだろう? ヤマトヒメノミコトを崇拝していれば、ヒトの胸におさめておけばいいのではないか。形として残さなければ、彼女を忘れてしまうからだろうか、と。しかし、白木の社はいまも谷底に残されている。それが私には妙に納得がいかなかった。

それはゴトビキ岩が神だった時代の終焉《しゅうえん》を意味していた。

神倉山のゴトビキ岩が神だった時代、人びとは誰にも拘束されず、気のむくままに生きていただろう。まだムラは社会的な組織をもたなかったし、ムラを率いる強力なリーダーもいなかった。神々を必要としたとき、彼らは神々をムラに呼べばよかった。

しかし、やがて小さなムラは徐々に整備されて大きくなり、そこに社会が成立し、社会を統率するリーダーが出現するようになる。ときにはムラとムラとが衝突し、勝利したムラのリーダーが地域の支配者となって君臨しはじめる。さらには地域と地域が主導権をめぐって衝突し、勝利した地域のリーダーがより強力な支配者となっていく。

それは小さな国の誕生であり、王が誕生したことを意味している。このとき、支配者は自身の存在を誇示しようとし、みずからを権威の衣で飾ろうとしても不思議ではない。そんな彼らが権威の衣のために神々の力を借りようと考えるのは当然だ。

しかし、それ以前の神々は旅をする神々だった。人びとが神々を必要としたとき、神々はつくられた臨時の祭の場所を訪れ、祭が終われば、ふたたび旅人となって去っていく。いってみれば、神聖なるフーテンの寅さんである。

これは支配者には不都合だった。なぜなら、彼は祭のときまでひたすら神々の訪れを待たなければならないし、日々、神々の権威を利用できないからである。

こうしてムラや地域に神殿が誕生し、神々が神殿に棲むようになった。

神殿といっても、現在のような規模の神社ではなかったといわれる。当初は神々がそこにいるだけで十分だったから、その規模も小さかったと想像される。しかし、ムラから地域へ、地域から国の形ができるにつれ、ますます支配者は神々のより強力な権威を必要とする。それに比例して神殿の規模も大きくなっていったのだろう。

その後、律令《りつりょう》制度が整い、国家が強力な力を持つにつれ、こんどは国家の命令によって神殿が造営されていった。それは七世紀の後半からだとされる。

中大兄皇子《なかのおおえのおうじ》による、大化の改新がおこなわれたのは六四五年だったが、『日本書紀』によれば、大化の改新から三六年後の六八一年(天武十)、律令国家は近畿地方や諸国の神社に神殿の修造を命じている。それは日本の神々が神殿に棲みついていた証明でもある。

しかし、なかには神殿の造営を拒んだ神社もある。すでに紹介した奈良の大神神社がそ

中大兄皇子たちは蘇我入鹿を暗殺し、大化改新がおこなわれた

うである。ここは古《いにしえ》の伝統を守り、いまでも三輪山をご神体としている。

日本人と鎮守《ちんじゅ》の杜

たしかに神々が旅をする時代は終わり、多くの神々はヒトが造営した神殿に棲み、神殿には神々の神霊が宿るという神体が祀られるようになった。そこには支配者の思惑が見え隠れしていたが、だからといって日本人が古代の信仰を捨てたわけではなかった。それを象徴しているのが神社をかこむ緑あふれる杜、鎮守《ちんじゅ》の杜である。

鎮守の杜という言葉には私たちの郷愁を刺激する香りが漂っている。

地方を旅していると、ふと田圃《たんぼ》の真ん中にこんもりとした杜が見えたりする。杜をめざして畦道《あぜみち》をすすむと、松や杉の杜は深閑《しんかん》とし、日なかは人の姿も見かけない。その奥まったあたりには必ず小さな神殿が静かにたたずんでいる。伊勢の内宮のような清冽な大気が漂っているわけでも、倭姫宮《やまとひめのみや》のような薄闇のなかの厳粛さも感じない。それでも、そこには木々にかこまれたおだやかな空間があり、訪れた者を安堵《あんど》させてくれる。

そこにいるとき、神々の成り立ちや神々と支配者の関係などは忘れてしまう。祭祀や参拝のあり方も関係がない。ただ、そこにいるだけ妙に心が安らぐのである。そんなとき、「ああ。これが日本の神々の世界かもしれない」、私はふとそう思ったりする。

『広辞苑』によれば、鎮守とは「その地を鎮め守る神、また、その社」とある。いってみれば、その地域を守ってくれる神さまや神さまが棲む神殿だ。地域の神さまだけに神殿も小さく、神社の名も知られてはいない。ローカルなありふれた神社なのである。

しかし、私はローカルなありふれた神社にこそ、日本の神々の原型があり、神々を信仰してきた人びとの素朴な思いを感じてしまう。その素朴な思いをいっそう駆り立ててくれるのが鎮守の杜である。ここでは神殿と杜とが一体化しているように見える。

もともと、古代の人たちは、杜に神々が棲んでいると考えていた。

鬱蒼《うっそう》とした木立ちの世界はときにヒトを拒絶したりする。

そのいい例が石川県羽咋《はくい》市の気多《けた》神社だ。ここには国造りの英雄として知られるオオクニヌシノミコト（大国主命）が祀られているが、本殿の背後には鬱蒼とした杜が広がる。タブやツバキなどの原生林だ。この杜は「入らずの杜」と呼ばれる。杜には神が棲んでいるとされ、ヒトも入れなかったのである。

そう考えると、鎮守の杜は本来、神さまが棲む空間であり、杜を訪れることは神さまを訪れることを意味している。そこに神殿がつくられ、杜と神殿とは一体化し、鎮守の杜が地域の人びとの守護神となり、やがて人びとが共有するコミュニケーションの空間となったのだろう。その空間でくり広げられるのがムラの祭だというわけである。

杜と神殿とが一体化したと書いたが、古代、神社は「モリ」とも訓《よ》まれていたという。『万葉集』の巻七にはこう詠《よ》まれている。「木綿《ゆう》かけて斎《いつ》くこの神社《もり》越えぬべく思ほゆるかも恋の繁きに」。木綿をかけて祀るこの神社さえも踏み越えてでも、という熱い恋心を詠んだものだが、ここでは「神社」が「モリ」と詠まれている。

古代の人びとは杜を神々の棲み家だと思っていたし、のち、そこに神殿を建てたのだろう。だからこそ、神社も「モリ」とおなじだと考えたにちがいない。

杜のある境内に足を踏み入れたとき、私たちは神殿に手をあわせる前に、まず境内に漂っている空気に心を安らげ、そののち、玉砂利の音を耳にしながら神殿にむかう。

伊勢の内宮では木々が放つ「気」を敏感に感じとり、日常で忘れてしまった自然に感動する。高層ビルが林立する都会で生きていればなおさらだ。そののち、そこが神社だったと思いおこし五十鈴川の御手洗場《みたらしば》で清め、いずまいを正して正宮《しょうぐう》にむかうのである。

その原型がいまも各地のムラに残された鎮守の杜なのだろう。

それは理屈を超えてしまった世界であり、政治やイデオロギーとも無縁である。今年の豊作を心から感謝し、来年の豊作を願い、家族の安寧《あんねい》をひたすら思う世界だった。

その願いや思いは時代とともに変遷していく。受験での成功を懇願し、商売の繁昌を祈り、良縁に恵まれるようにと鎮守の杜に足をむける。困ったときの神頼みである。それは宗教という狭い枠を越えた、日本人が本来的にもっている心象風景なのだろう。

氏神《うじがみ》と氏子《うじこ》――神々になった一族の祖先――

私の九州の実家の宗派は浄土宗だった。当然、町のはずれの浄土宗の寺に墓地があり、両親はそこで眠っている。子供のころ、盆がやってくると寺の住職がわが家にやってきたし、両親と長話をしていくのがつねだった。私の家はその寺の檀家《だんか》だった。それでいて、私の家には神棚があったし、町の神社の氏子《うじこ》でもあったような記憶がする。

おなじ家に仏壇と神棚があるのは妙といえば妙だが、私たちはそのことに驚いたり、矛盾を感じたりはしない。それが平均的な日本人の家庭だろう。なにしろ、日本人はお盆には線香をもって寺に墓参りをし、正月には着飾って神社に初詣に行くのだから。

しかし、考えてみると、仏壇と神棚にはある共通点がある。

仏教では「先祖供養《せんぞくよう》」が重要視される。お盆は先祖の霊をわが家に迎えて供養することをいう。これに対して、日本の神さまを祀る神道《しんとう》では「敬神崇祖《けいしんすうそ》」が強調される。敬神崇祖とは神々を敬い、祖先に感謝するという意味だ。

両者に共通のキーワードは祖先なのである。この先祖供養と敬神崇祖に通じるキーワードは日本人特有の民族的な観念なのかもしれない。だからこそ、誰も仏壇と神棚との共存に異議を唱えないのだろう。

しかし、檀家と氏子では微妙に異なっている。檀家も氏子も寺や神社を支えるという意味ではおなじだが、氏子には一族という「血」がこめられているからだ。

氏子の「氏」とは『広辞苑』によれば、まず第一に「血縁関係のある家族群で構成された集団。氏族」とある。ここでは「血」が重要である。『万葉集』の巻二十には「大伴《おおとも》の氏と名に負へる大夫《ますらお》の伴《とも》」とあり、ここでは大伴という氏の集団をいっている。

この血でつながった氏の集団の守り神を氏神という。

古代の氏で知られるのは朝廷で祭祀《さいし》を担当していた中臣《なかとみ》氏である。彼は本章の天の岩屋の話に登場したアメノコヤネノミコトの子孫と称していた。このため、彼の祖先神はアメノコヤネノカミ（天児屋根神）であり、この神さまが中臣氏の血を引く集団の氏神だった。忌部《いんべ》氏は中臣氏とおなじく朝廷で祭祀を担当していたが、彼の祖先神は朝廷の祭祀をつかさどるアマノフトダマノミコト（天太玉命）であり、その神さまが忌部氏の氏神となっている。

中臣氏も忌部氏もその祖先にあたる神さまを氏神としているが、ときには祖先ではない神さまを氏神とした例もある。古代の大豪族だった物部《もののべ》氏がそうである。

彼の祖先神は神武《じんむ》天皇の東征神話《とうせいしんわ》で活躍したニギハヤヒノミコト（饒速日命）だが、氏神はフツノオオカミ（布都大神）だ。フツノオオカミの神体は神剣であり、その神剣は神武天皇が大和を平定したときに霊威を発揮したといわれる。このため、物部氏は祖先神のニギハヤヒノミコトではなく、フツノオオカミを氏神としたのである。

氏が繁栄すれば、氏神もそれを祀る神社も脚光を浴びる。藤原一族の氏神を祀る奈良の春日大社《かすがたいしゃ》がそうだ。藤原氏は大化の改新の功臣、中臣鎌足《なかとみのかまたり》が藤原の姓《かばね》を賜ったのにはじまるが、平安時代には皇室の外戚となって栄華の極《きわ》みに達している。武家社会の江戸時代にも貴族社会の中枢にあり、維新後は公家として綿々と名家の血を継いでいる。

平安京に遷都した八世紀末ごろ、春日の神殿には雷の神さまとされるタケミカズチノミコト（武甕槌命）、刀剣の神さまとなったフツヌシノミコト（経津主命）、巫女《みこ》が神格化されたヒメガミ（比売神）、それに前述の中臣氏の祖先神、アメノコヤネノカミの四神が祀られていた。

しかし、春日の神殿が藤原氏の守護神となるにつれ、四神のうち、中臣氏の祖先神、アメノコヤネノミコトが主役の座を占めるようになったのである。

こうして藤原氏の氏神が誕生すると、それはほかの氏族にも広まり、やがて武家にも波及していく。平氏《へいし》の隆盛を築いた平　清盛《たいらのきよもり》は広島県の厳島《いつくしま》神社を氏神とし、源氏《げんじ》は京都府の石清水《いわしみず》八幡宮を氏神にしている。源氏の源　頼朝《みなもとのよりとも》は鎌倉幕府を開いたが、このとき、鎌倉に八幡宮をつくり、幕府の鎮守としている。これが現在の鶴岡《つるがおか》八幡宮である。

こうして氏神は「血」によって結ばれていたが、中世以降、各地の農村地帯にムラがつくられると、これらのムラを守る神々も氏神と呼ばれるようになる。

それまでの「血」とは関係なく、ムラという運命共同体の氏神が誕生し、ムラの人びとが氏子となってそれを支えるようになる。その氏神もまた祖先崇拝だったが、ムラに誕生した氏神と氏子の関係はそのまま現在に残されている。町内に神社があれば、その神社が町の氏神となり、町の人たちが氏子となって神社を支えることになる。

その氏子が熱心に氏神さまを支えていても、その彼は素朴な仏教徒だったりする。私の家とおなじようにお盆には住職を招き、お経をあげてもらうのである。だからといって、私の両親が不信心者だったわけではない。日本人が信仰に熱心ではないといえばそれまでだが、それが日本人の民族性だとすれば、それはそれでいいような気がする。

日本人にとっての神々と神道

日本の神々を祀るのは「シントウ」と呼ばれている。

神の道と書くのだが、これがなかなかわかりづらい。仏教、キリスト教、イスラム教といえば、誰にでもそれが宗教だとわかるだろう。しかし、神道といわれても宗教だというイメージが湧《わ》かない。芸道や相撲《すもう》道というのは耳にしても、神道という言葉そのものに馴染みがないからだろう。

私自身、一八歳のときにはじめて伊勢で神宮に参拝し、日本に神道なる宗教的な存在があると知ったとき、「神道とはなんぞや？」、私は呆然《ほうぜん》とするばかりだった。

戦前、戦中派ならいざ知らず、戦後に生まれ、戦後の教育を受けた者にとって、義務教育や高校で神道を教わった記憶はない。

ましてや、十代の後半から二十代にかけては西洋的なロジックの世界に惹《ひ》かれる。哲学でいえば、東洋哲学よりはカントやヘーゲルといった西洋哲学がはるかにおもしろいように思えた。「悟《さと》る世界」よりも「分析する世界」が魅力的だったのである。

たとえ神道の世界を知りたいと思っても、神道には仏典や聖書のような経典が存在しない。ただし、神道を知る基本的な文献は残されている。そのとき、専門家の誰もが『古事記』と『日本書紀』をあげるし、ほかのもろもろの古典を列挙するだろう。

たしかに神道が日本の文献にはじめて登場したのは『日本書紀』である。その「用明紀《ようめいき》即位前紀《そくいぜんき》」には「天皇、仏法を信じ、神道を尊ぶ」とある。ここでいう天皇とは聖徳太子《しょうとくたいし》の父、用明天皇（在位五八五～五八七）をいう。孝徳《こうとく》天皇（在位六四五～六五四）についての「孝徳紀即位前紀」にも「仏法を尊び、神道を軽んず」とある。いずれも仏教と神道とが対比されているが、そもそも神道とはなんぞやとは書かれていない。

もともと、『日本書紀』は舎人親王《とねりしんのう》らが神代《かみよ》から、天智《てんじ》天皇の皇女だった持統《じとう》天皇（在位六九〇～六九七）までの間に、朝廷に伝わった神話、伝説、記録などを撰《えら》んだ史書である。それは客観的な史書にはほど遠く、天皇による支配がようやく確立し、それを正当化するための狙《ねら》いが見える。仏典や聖書とは根本的に性質が異なるのである。

では、神道の定義はなんなのか？　それにひとつの答えを出したのが歴史学者の津田左右吉《つだそうきち》である。彼は一九四八年刊行の『日本の神道』で神道の語義を分類している。
①古くから伝えられてきた日本の民族的風習としての宗教。
②神の権威、力、はたらき、しわざ、神としての地位、神であること、もしくは神そのもの。
③民族的風習としての宗教に何らかの思想的解釈を加えたもの。
④特定の神社で宣伝されているもの。
⑤日本の特殊な政治もしくは道徳の規範としての意義に用いられるもの。
⑥宗派神道。
このうち、④には伊勢神道、山王《さんのう》神道があり、⑥には天理《てんり》教《きょう》や金光《こんこう》教《きょう》などがある。

この分類を見ると、①と②が神道に宗教的な雰囲気を与えている。民族的な風習は鎮守の杜を連想させるし、神の世界についての事柄だからだ。それに比べ、⑤は神道がいかに政治的な思惑に翻弄《ほんろう》されてきたかを示唆《しさ》している。神道が民族的な風習に根ざしているだけに、「日本人はこうあるべきだ」という政治的な主張に利用されてきたのだろう。

こうなると、神道の世界がおぼろげに見えたような気がするが、よくよく考えると、それがどんな宗教なのか、神道における信仰とはなにか、神道の信仰者はどうあるべきか、などといった肝心なことは伝わってこない。曖昧模糊《あいまいもこ》としている。

宗教でイメージする戒律や厳粛な死の世界とはほど遠いのである。

これに対し、國學院《こくがくいん》大学の三橋健《みつはしたけし》教授は率直にこう書いている。

「神道は日本の土地に生まれ育った宗教であるが、悠久《ゆうきゅう》の歴史の流れの中で、外来の諸宗教、諸文化、諸思想などの影響を受けて多種多様に展開した。また神道は根生《ねお》いの宗教であるので、自《おの》ずと日本の国がら、日本人の生き方、物の見方、考え方、日本人の一生などにも浸透している。つまり、日本人の個人や集団の、伝統的な生活様式、思惟《しい》方法および理念などの基底に神道があるといって過言ではない」と。

神道は日本生まれの宗教にはちがいないが、土着の宗教なだけに宗教の枠を越え、日本人の思考方法、生きざま、日々の生活に根底に脈々と流れているというのだろう。だとすれば、仏壇と神棚が共存しているのも理解できる。なぜなら、仏教を信仰しているとしても、神棚は日本人の日々の生活の一部であり、原風景だからである。

ヨーロッパ人から見た日本の神々の世界

コロンブスやマゼランが活躍した大航海の時代、スパイスの宝庫とされたインド大陸に最初に到達したヨーロッパ人はバスコ・ダ・ガマだった。

彼はリスボンからアフリカ西海岸を航海し、南アフリカの喜望峰をまわり、一四九八年の五月、ついにインド大陸のマラバール海岸に到着したが、現地の人たちは、なぜヨーロッパ人がはるばるインドまでやってきたのかわからなかった。そんな彼らにバスコ・ダ・ガマは答えている。「私たちはキリスト教徒とスパイスを探しにきたのだ」と。

当時のヨーロッパ人にとって東洋のスパイスは垂涎《すいぜん》の的だった。それだけに冒険者たちは命賭けで航海したのだが、彼らはキリスト教を布教する先兵でもあった。

バスコ・ダ・ガマが、インドに上陸してほぼ半世紀後の一五四七年、カトリック系のイエズス会のフランシスコ・ザビエルはマレー半島のマラッカで鹿児島出身の日本人、アンジロウと出会い、キリスト教の日本での布教を志している。その二年後、ザビエルはアンジロウと日本に上陸し、薩摩《さつま》や肥前《ひぜん》の平戸《ひらど》などでキリスト教を伝道している。

しかし、イエズス会の伝道師は日本の神々を「悪魔」だと決めつけていた。

ポルトガル人の伝道師、フロイスは一五六三年（永禄六）に来日し、滞日中、一四〇通の手紙を本国に送り、布教史『日本史』を執筆したが、その彼も日本の神々を悪魔だとし、神々に仕える神主を悪魔の使者だと書いている。

彼によれば、神主は悪魔である神々と共謀して人びとを騙し、施《ほどこ》しものを強要しているというのである。神々が悪魔であれば、神社は悪魔が棲む社であり、それをつくらせたのは神主だと記している。

神々が悪魔である以上、人びとを救うことはできない。そのため、伝道師たちはキリスト教徒に改宗しないと、死者や霊魂は地獄に堕《お》ちると説教している。

さらに、日本の神々は人間であるとし、人間が人びとを救うことはできないとも強調している。国生み、神生みの神であるイザナギノミコト（伊邪那岐命）やイザナミノミコト（伊邪那美命）、アマテラスオオミカミ（天照大神）が人間だというのがその根拠だった。

当初、日本の文化を否定したイエズス会だったが、のち、日本の文化にふさわしい布教を考えるようになる。それを実行したのは巡察師ヴァリアーノだった。彼は神学院（セルジオ）などをつくって日本人の聖職者を養成し、日本の言語や文化にあった布教を実現しようとしたが、そのヴァリアーノも日本の神々は悪魔だといい切っている。

当時のヨーロッパ人にとってキリスト教は絶対的な存在だった。だからこそ、冒険者のバスコ・ダ・ガマもインド大陸にキリスト教徒がいるはずだと思ったのだろう。そして、イエズス会の伝道師たちの使命はキリスト教を広めることだった。そのためには、まずその地で崇められている神々を否定しなければならなかったのである。

その結果、十六世紀の後半には日本のキリシタンは二〇万人にもなったが、一六一三年（慶長十八）の徳川幕府によるキリシタン禁教令によってキリスト教の布教は挫折する。

しかし、ヨーロッパ人の日本の神々への理解は徐々に変わっていった。

その原因は、皮肉にもイエズス会の伝道師たちか、本国に送った手紙などだった。彼らはそれらの手紙で、日本にも多くの神々がいると知ったのである。さらに、それまでヨーロッパ人は、キリスト教を信じなければ地獄に堕ちると考えていたが、それがまちがいだったと気づきはじめる。それはヨーロッパ人にとっては衝撃的な出来事だった。

そののち、一八五三年（嘉永六）にアメリカのペリーが来日し、日本が開国すると、多くのヨーロッパ人たちが通商を求める使節団として日本に押し寄せている。

そのひとりがイタリアの海軍中佐、V・F・アミニミヨンだが、彼は『日本および一八六六年年の軍艦マジェンタ号の航海』（日本題『イタリア使節の幕末見聞記』）にこう書いている。

「仏教には、さまざまな仏と偶像があるにもかかわらず、日本国の政治組織は神道を基礎にしている。神道とは神の道であり、往古の君主を神として祀り、祖先への崇拝を旨《むね》とする。日本人は無数の精霊の存在を認めるが、この精霊は大気中を浮遊しているとされ、それがどういう性質を持つものかは知られていない。——中略—— 先祖の霊魂は、生きている者たちへの中に住み、子孫の平安と幸福を見守るものとされる」(大久保昭男訳)

幕末の時代、もはや日本の神々は悪魔ではなくなっていたのである。

また、フランスの使節団として来日したM・ド・モージュ侯爵も書いている。

「日本人はたいへんな寛容の持ち主であり、あるいは宗教問題ではたいへんに無関心だ。この列島では何世紀も前からいくつもの宗教が共存している。外国からの渡来教である仏教と孔子《こうし》の宗教[=儒教《じゅきょう》]は神道、つまり、この国の原始宗教で群衆の崇拝の的である神々の宗教と共存している」(『フランス人の幕末維新』市川慎一訳)

それはヨーロッパ人が日本の神々を認知したことを物語っている。

第2章

暮らしのなかの日本の神々

正月に訪れる歳神《としがみ》と注連《しめ》飾り

正月を迎えると、日本人の多くは神社や寺院に初詣に出かける。

といっても、神々の道や仏教に帰依《きえ》しているわけではない。東京の明治《めいじ》神宮に参るといっても、多くの人たちはそこには祀られている明治天皇とその皇后、昭憲皇太后《しょうけんこうたいごう》のために参るわけでもなく、仏教徒だからという理由で、成田山《なりたさん》の新勝寺《しんしょうじ》に初詣に出かけるわけではない。

幕末に来日したフランス人のM・ド・モージュ侯爵は、「日本人はたいへんな寛容の持ち主であり、あるいは宗教問題ではたいへんに無関心だ」と書いていたが、正月の初詣だけを見ても、なるほど、彼の指摘はその通りだというしかない。日本人に宗教的な節操がないといわれれば、それを真正面から否定するにはかなりの勇気がいる。

しかし、私たちのまわりには知らず知らずに日本の神々が祀られ、それが日常生活のなかに融けこんでいたりする。正月に玄関に飾る注連飾《しめかざ》りもそうである。

古来、日本では正月に歳《とし》(年)神《がみ》を迎えるのが習慣だった。

歳神を『広辞苑』で探すと、①五穀《ごこく》を守るという神。また、五穀の豊年を祈る神。年穀の神。②歳徳《としとく》神のこと、とある。別名、「正月さま」「歳徳さま」「若年《じゃくねん》さま」とも呼ばれるというが、この歳神は新年のはじめに訪れ、年内の幸福と五穀の豊穣《ほうじょう》をもたらす神さまだとされ、その年の縁起のいい方角（恵方《えほう》）からやってくるといわれる。

　この歳神からは古代の農耕社会のイメージが浮かぶ。

　当時の人びとには米、麦、粟、豆、黍《きび》（稗《ひえ》）という五穀の豊作が切実な願いだったし、そのために五穀を守り、豊作を祈ってくれる神々は大事だったにちがいない。その歳神が新年のはじめに訪れるとすれば、人びとは十分な用意をして神さまを迎えただろう。そのために年の暮れに大掃除をし、玄関に注連飾りを飾ったというわけである。

　その注連飾りは歳神が家に訪れるときの目印であり、その家が清浄な場だという証《あかし》だったともいわれる。あるいは、外から災危が忍びこむのを防ぐとも伝えられている。

神社の鳥居に飾られた注連縄

正月に欠かせない門松も注連飾りの役割に通じ、これは歳神を招くために必要な依代《よりしろ》だとされる。依代とは神霊が乗り移るものをいうが、松のほかにも楢《なら》、柳、栗、樫《かし》、榊《さかき》、竹などが使われている。このうち、松、楢、柳、栗、樫、榊は常緑樹だが、古来、緑が豊かなそれらの木々には神々が宿ると信じられていたからである。

そこにも農耕に生きた古代の人びとの切実な願いがこめられている。

注連飾り

門松飾り

ほかにも、歳神にまつわるものに正月の床の間を飾る鏡餅《かがみもち》がある。

門松は歳神を招くための依代だったが、鏡餅にも歳神が宿るとされ、その丸い形の原型は神鏡だと伝えられている。さらに、正月をすぎると各地で鏡開きの行事がおこなわれるが、これは歳神が宿った鏡餅を手か槌《つち》で割り、縁起をかついで

「開く」ことにちなむという。鏡餅もお汁粉やぜんざいのために用意された餅ではなかったのである。

正月といえばおせち料理が定番だが、これも神々とは無縁ではなさそうだ。

おせち料理の「おせち」は「御節」と書くが、それは正月や節句といった節目に神々に供えられた馳走《ちそう》を意味している。それだけに、おせち料理には神々の霊が宿っていると考えられている。その料理をごった煮にしたのが雑煮《ぞうに》のはじまりとされる。

いま、私たちは注連飾りや鏡餅やおせち料理に信仰の匂いを感じることはない。それはあたらしい年の玄関を飾り、正月にしか食べられない料理だと考えている。しかし、すべての天変地異が神々の怒りだと考えられたはるか昔、それらは人びとの素朴な信仰と結びついていた。それが今日なお、正月の風習として受け継がれているのである。

ちなみに、神社で正月の元旦におこなわれる祭儀は歳旦祭《さいたんさい》、あるいは元旦祭《がんたんさい》と呼ばれ、五穀豊穣や国民の幸福が祈願される。これは宮中でもおこなわれている。

「安産の祈願」から「七五三《しちごさん》」まで

日本の神々は正月というかぎられた時間にさまざまな形で登場するが、神々は人間が誕生し、成長していくプロセスにもたびたび顔をのぞかせている。

それはあたらしい命の誕生からはじまるが、出産する前、夫婦やその親たちはわが子や孫の無事な出産を願ってやまない。このとき、夫婦やその親たちは神社で安産を祈願するのである。

福岡市東区にある筥崎宮《はこざきぐう》は安産の祈願で知られている。ここには応神《おうじん》天皇、神功皇后《じんぐうこうごう》、それにタマヨリビメノミコト（玉依姫命）が祀られているが、このうち、タマヨリビメノミコトが安産の神さまである。タマヨリの「タマ」は神霊を、「ヨリ」は人間に憑《よ》る（ツク）ことを意味するとされる。神霊が憑《つ》く女は、巫女《みこ》のことである。このことから、巫女のような霊能力をもつ女性を総称してタマヨリビメノミコトという。

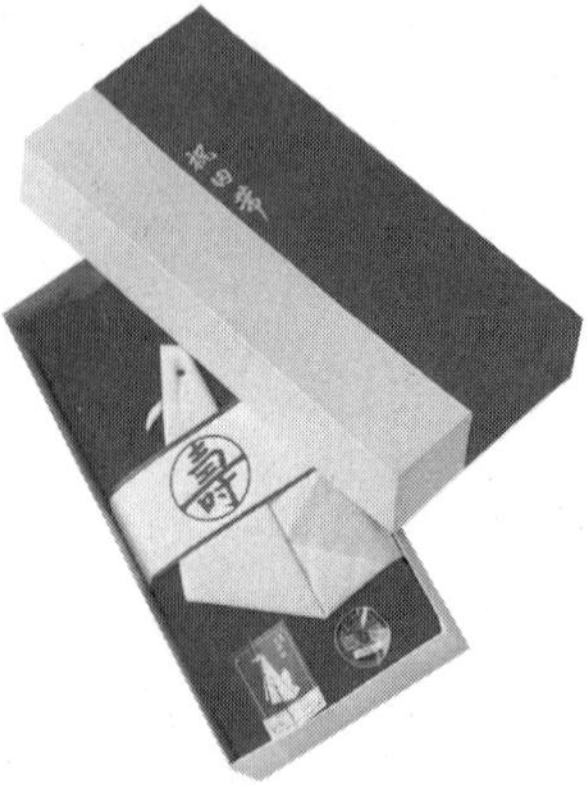
岩田帯

この女神は神との結婚による処女懐胎《かいたい》で神の子を宿したとされるが、そのことから安産の神さまとされたのだろう。タマヨリビメノミコトは筥崎宮だけでなく、京都の賀茂御祖《かもみおや》神社（下鴨《しもがも》神社）の祭神でもあり、各地の神社でも祀られている。むろん、タマヨリビメノミコトが祀られていなければ、近くの神社に参詣することになる。

安産を祈願する日は妊娠五カ月目の戌《いぬ》の日であ

る。イヌは多産で安産だといわれるが、そのため戌の日が選ばれる。この日、お参りした女性は安産を祈願し、帯祝いをする。帯祝いとは、岩のように丈夫な子に育つようにと岩《いわ》田帯《たおび》を締めることをいう。

産湯《うぶゆ》は子供が生まれてすぐに浴びせる湯をいうが、ここにはその土地の守り神、氏神がかかわってくる。産湯はこの産土《うぶすな》の神が守る土地の水を使ったのである。

その後、出生から七日目には「お七夜《しちや》」をし、この日に子供に名をつけ、男の子は出生から三一日目、女の子は三三日目にはじめて神社にお参りする。これを「初宮《はつみや》」という。初宮では氏神に誕生を報告し、これからの成長を見守ってもらうように祈願する。それとともに、初宮はその子が氏子の一員になったことを意味していた。

初宮のあと、子供たちを待っているのが十一月十五日の「七五三《しちごさん》」である。この七五三は三歳の男児と女児、五歳の男児、それに七歳の女児が晴れ着に身を包んで神社にお参り

七五三の祝い

し、これまでの子供の成長を感謝し、これからの成長を祈ることをいう。

その起源は、三歳の女児の場合、その年齢から頭髪を伸ばしはじめることからきている。これを「髪置《かみおき》」という。五歳の男児の場合、はじめて袴《はかま》を着用したことにはじまる。これを「袴着《ぎ》」という。七歳の女児の場合、幼児用の帯から大人用の帯に変わったことに由来している。幼児用の帯を解くことから、これは「帯解《おびとき》」と呼ばれていた。

なぜ、十一月十五日に参詣するかはさだかではない。ただ、一説によれば、この日、五代将軍徳川綱吉《つなよし》の子、徳松《とくまつ》の髪置の祝いがおこなわれたからだとされる。

ただし、七五三での神社詣が昔からおこなわれていたわけではない。参詣は江戸時代にはじまり、明治時代に入ってさかんになったといわれる。というのも、明治のころ、七歳で神社に参詣すると、正式に氏子の一員として認められていた。それは子供から大人への第一歩だったわけである。このことから神社詣がさかんになったのだろう。

神前結婚式と三三九度《さんさんくど》

神道を知らずに日本の神々の前で結婚式をあげ、キリスト教徒でもないのに教会で挙式し、さらに仏式の結婚式があり、無宗教の人前結婚式というのもある。結婚式もさまざまだが、多くは信仰とは関係なく、当事者たちの好みが優先されている。

そんな現実のなかでもっともポピュラーなのが神前結婚式と教会での結婚式だと思われるが、意外にも、日本の神々の前での神前結婚式の歴史はまだ新しい。

東京の飯田橋《いいだばし》のビル街のただなかに東京大神宮《とうきょうだいじんぐう》という神社がある。

ここが日本ではじめて神前結婚式がおこなわれた神社である。一九〇一年（明治三十四）のことだ。ただし、当時は有楽町《ゆうらくちょう》の大隈重信《おおくましげのぶ》邸の跡にあり、日比谷《ひびや》大神宮と呼ばれていた。その後、一九二三年（大正十二）の関東大震災で焼失、飯田橋で復興されて東京大神宮となる。

たしかに、東京大神宮が神前結婚式の第一号だが、この神社が独自にこれを発案したわけではない。最初の結婚式の前年の一九〇〇年（明治三十三）五月十日に大正天皇と九《く》条節子姫《じょうさだこ》（貞明皇后《ていめい》）との婚儀が宮中の賢所《かしこどころ》で行なわれ、その婚儀がモデルになったのである。

翌年の三月三日、大正天皇の婚儀をモデルに神前模擬結婚式がおこなわれ、さまざまな工夫がこらされたのち、ようやく現在の神前結婚式の形ができたといわれる。その結婚式はたちまち世間の評判を呼び、全国各地の神社に普及したのだった。

当時の人びとにとって、神社での結婚式は新鮮に思えたにちがいない。しかし、よくよく考えてみると、その結婚式にはそれまでの式の形が引き継がれている。

それまでの結婚式は、夫となる家でおこなわれるのが普通だったが、そこでは新郎と新婦が背にした床の間には、イザナギノミコトとイザナミノミコトの神名が書かれた掛け軸や、みずからが信仰する神々の神名を記した掛け軸などがかけられていた。

イザナギノミコトとイザナミノミコトは夫婦神であり、この神々は結婚して国土をつくり、多くの神々を誕生させている。結婚式の神さまとしてはもっともふさわしかったのだろう。

掛け軸の前にはお神酒《みき》を供えられ、新郎新婦はお神酒を三三九度《さんさんくど》によっていただき、それで夫婦の契りが結ばれるとされていた。イザナギノミコトとイザナミノミコトと三三九度がキーワードだったが、それが神前結婚式

飯田橋にある東京大神宮

にもちこまれたのである。

こう考えると、神前結婚式は唐突に誕生したのではなく、伝統的な儀式が家から神社に移り、それが人びとの間に定着していったのがわかる。そこで重要な役割を果たしたのがイザナギノミコトとイザナミノミコトという日本の神々だったのである。

伝統的といえば、三三九度も「式三献《しきさんこん》」といわれる酒盃をかわすときの作法によっている。これは平安時代の公家の酒宴の作法とされ、男子の成人を祝う儀式などでおこなわれていた。つまり、作法では酒を一杯飲むことを「一度」といい、三杯飲むことを「一献」、これを三献することで九杯の酒をいただく。ここから三三九度と呼ばれる。

この三三九度は現在の神前結婚式では、どうおこなわれているのだろうか。神社本庁の『諸祭式要綱《しょさいしきようこう》』によれば、まず一の盃で新郎、新婦の順で一度飲み、二の盃では逆に新婦、新郎の順で、三の盃では新郎、新婦の順に一度ずつ飲むとある。ただし、正式な作法としては、一の盃を新郎、新婦、新郎と一度ずつ飲み、二の盃を新婦、新郎、新婦の順で、三の盃を新郎、新婦、新郎と飲み、あわせて九度の酒盃をかわすとされている。

神々の前での葬式——神葬祭——

私たちが葬儀に列席する場合、そのほとんどは仏式であり、通夜や告別式では僧侶による読経のなかで焼香をし、故人を偲《しの》ぶのである。

読経も仏壇も宗派によって異なるが、大筋ではあまり変わらない。墓石に刻まれる文字もおなじである。

しかし、三〇年ほど前だったか、私は奈良のJR王寺《おうじ》駅に近い霊園でこれまでとは異なる墓石を発見し、思わず首をかしげた記憶がある。私の九州の実家をふくめて、それまで見た墓石には「〇〇家之墓」とあったのに対し、そこには「〇〇家奥津城《おくつき》」と記されていたのである。それが私が神道式の墓石を目撃した最初だった。

古代には日本の神々の世界を反映した葬儀の形があったとされるが、仏教が伝来してからは仏式の葬儀が登場するようになった。とくに、七〇二年（大宝二）の持統《じとう》天皇の葬儀（大葬）から仏教色が色濃くなったとされる。中世以降、仏教は法然《ほうねん》、親鸞《しんらん》、日蓮《にちれん》らの宗祖によって興隆し、それとともに仏式の葬儀が公家や武士の間にも浸透していった。

仏式の葬儀の普及を決定的にしたのは徳川幕府による寺請《てらうけ》制度だった。

幕府はキリスト教禁止令を出し、キリシタンの追放を決めたが、キリシタンでないことを証明するにはいずれかの檀家になるしかなかった。これが寺請制度である。その結果、誰しもが寺の檀家となり、死者を送る葬儀も僧侶による仏式が定着していく。

明治維新後、日本の神々が復活するにつれ、神道式の葬儀を見直す動きがはじまり、仏式とは異なる葬儀が登場するようになった。これが神葬祭《しんそうさい》である。その意味では、明治以来の神葬祭の歴史は浅く、一般にはなじみがうすいといえる。

私自身、かつて「○○家奥津城」という墓石に思わず首をかしげてしまったが、それも無理はないだろう。

この神葬祭は、仏式と同じようにさまざまな行事によって構成されるが、その主なものは、①帰幽奉告《きゆうほうこく》、②通夜祭《つやさい》、③葬場祭《そうじょうさい》、④霊前祭などである。

神葬祭は氏神に故人が亡くなったことを奉告する帰幽奉告ではじまる。

家庭では神棚と祖先の霊に奉告する。このとき、神棚の前面には白い半紙が張られる。これは葬儀の間、遺族が故人の祭りに専念す

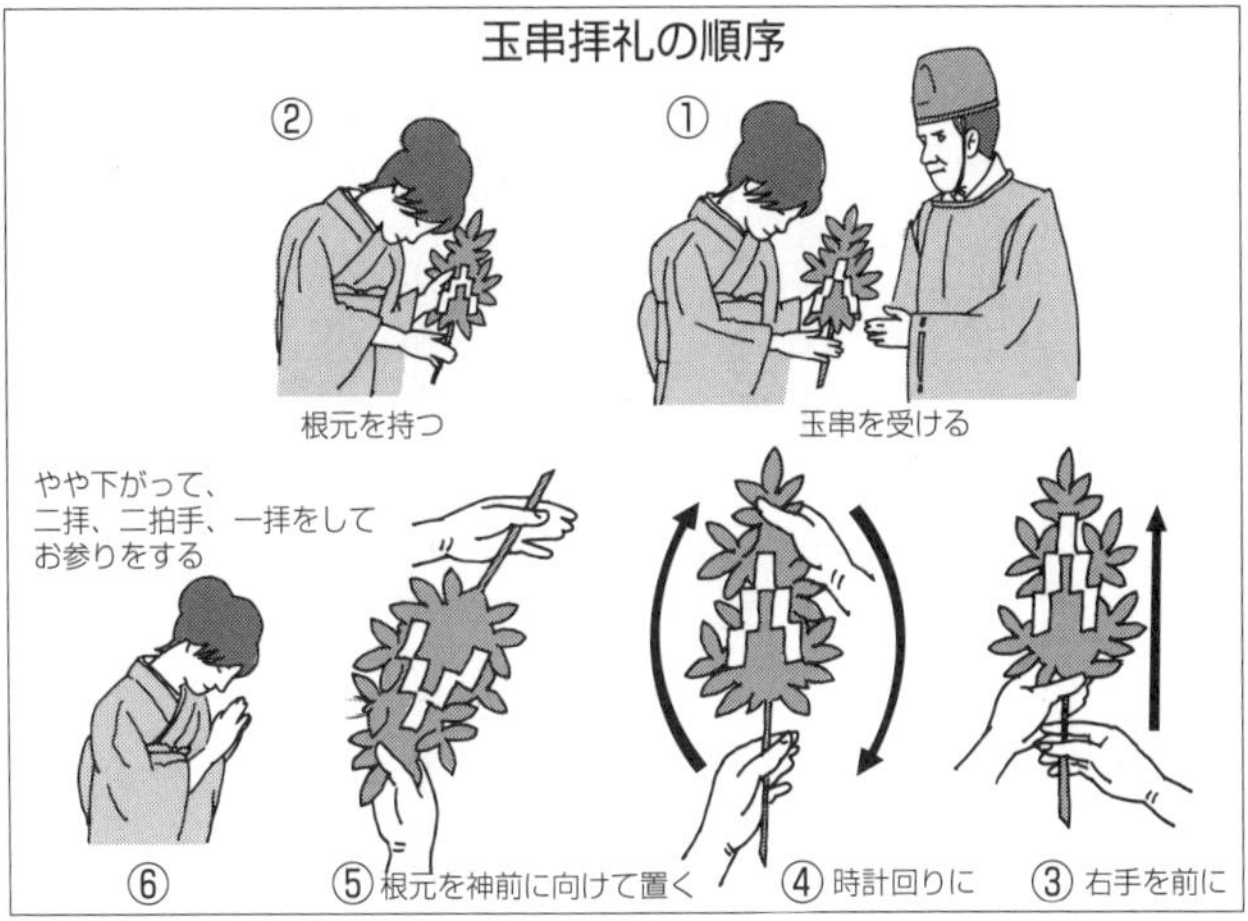

るためだとされている。

その後、遺体を殯室《ひんしつ》（遺体を安置する部屋）に移す「枕直しの儀」、遺体を柩《ひつぎ》に納める納棺の儀などを経て通夜祭を迎える。通夜祭は仏式の通夜にあたり、夜を徹して故人を偲ぶのである。

翌日は遷霊祭《せんれいさい》で幕を開ける。遷霊祭とは仏式の位牌《いはい》にあたる霊璽《れいじ》に故人の霊をとどめることをいう。それがすむと、斎場にむかう前に「発柩祭」（出棺式）、家に残った者をお祓いする「発柩後祓除《はっきゅうごはらいのぞき》」の儀を経て、故人に最後の別れを告げる葬場祭がおこなわれる。これは仏式でいう告別式にあたり、会葬者は玉串を捧げて拝礼をするのである。

霊前祭は葬場祭の翌日からおこなわれ、故人の霊を鎮める儀式だとされる。故人の霊璽は仮御霊舎《かりみたまや》に納められるが、ここに供え物をし、毎日、拝礼をする。この祭りは葬儀がとどこおりなく終わったことを奉告する翌日祭、十日ごとの十日祭、二十日祭、三十日祭、四十日祭とつづき、神職を呼んで祭詞《さいし》を奉上する五十日祭をもって終了する。

このとき、一連の葬儀が終わったことになる。これは「忌明《いみあ》け」と呼ばれている。

ちなみに、王寺の霊園の墓石には「○○家奥津城」とあったが、「奥都城」「奥城」とも刻まれ、いずれも「おくつき」と読む。その意味は、「奥深いところにあって外部からさえぎられた境域」だとされ、一説には「柩を置く場所」、あるいはかつての水葬に由来するといわれる「柩を海の沖に放つこと」の意だともされている。

土地の神々を祀る――地鎮祭と上棟祭――

日本の神々は家やビルが新築されるとき、あるいは土木工事などがはじめられるときにも出番がまわってくる。

家やビルの建築主や土木工事の施工者が、神々に土地の使用の許しを得、工事が無事に進行するように祈願するからだ。これが地鎮祭《じちんさい》である。

この祭りの主人公は、国土の守護神とされるオオトコヌシノカミ（大地主神）と、その地域の神さまであるウブスナノカミ（産土神）、またはその土地の神々だ。これらの神々はいずれも土地と深く関係している。それだけに地鎮祭には欠かせない存在である。

祭りはまず祭場をつくるところからはじまる。建設予定地の一角に「斎竹《いみだけ》」（葉のついた竹）を四本立て、それらに注連縄《しめなわ》を張りめぐらしていく。これが祭場となる。祭場の中央にはサカキ（榊）に麻や紙垂《しで》をつけた「神籬《ひもろぎ》」を立て、これを神々の依代《よりしろ》とする。

神籬とは、神々が降りてくるイワクラ（磐座）や樹木を囲んだものをいうが、この神籬にオオトコヌシノカミやウブスナノカミなどの神々を招くのである。神籬の前には米、酒、魚、野菜、果物、塩、水などの神々の食事、「神饌《しんせん》」が供えられる。

祭りは祭場や参列者などを祓い清める「修祓《しゅうばつ》」の儀式にはじまる。その後、神々を神籬に招く「降神《こうしん》」、神々に食事を差し出す「献饌《けんせん》」、神主が建築主に代わって祈願の詞《ことば》を奏上する「祝詞《のりと》奏上《そうじょう》」、土地の神さまに供え物をする「散供《さんく》」の儀式がある。

さらに、工事をはじめるにあたって鎌や鍬《くわ》を入れる「苅初《かりぞめ》・穿初《うがちぞめ》」、土地の神々に神宝となるものを埋葬する「鎮物《しずめもの》」、神主や参列者が玉串を供えて拝礼する「玉串拝礼」、神々の食事を下げる「撤饌《てっせん》」を経て、招いた神々を送る「昇神《しょうしん》」の儀式で終わる。

このうち、鎌や鍬を入れる「苅初・穿初」では神々に工事がはじまることを奉告し、神宝などを埋葬する「鎮物」では工事の安全を祈願するのである。

すべてが終われば、関係者たちによる直会《なおらい》、祝宴とつづくが、直会とは神々に供えたものをいただくことをいい、一般的にはお神酒で

地鎮祭

乾杯をする。そのとき、主役のオオトコヌシノカミやウブスナノカミは役目を終えて地上から去っているというわけである。

地鎮祭が終わっても、神々の役割はまだ終わらない。家やビルの場合、基礎工事が終わって柱が立ち、棟木があがると、こんどは上棟祭《じょうとうさい》が待っている。上棟祭は「棟上《むねあ》げ」ともいわれ、本来は家を建てる棟梁《とうりょう》が主催する祝いの行事だったといわれる。

上棟祭では中央部の柱に棟札《むねふだ》がつけられ、梁《はり》の上に板などをならべて祭場をもうけ、神々を招く神籬が立てられる。棟札にはこの祭りに招かれた神々の名が記されている。

それらの神々は建築と縁の深いヤフネククノチノミコト（屋船久久遅命）、ヤフネトヨウケヒメノミコト（屋船豊宇気姫命）、テオキホオイノミコト（手置帆負命）、ヒコサシリノミコト（彦狭知命）や地域の神さま、ウブスナガミ（産土神）である。

棟木の上には上棟幣《じょうとうへい》といわれる御幣《ごへい》が飾られ、弓矢、日の丸の白扇なども用意される。御幣や弓矢や日の丸の白扇は、魔除けの役目を果たすのである。

祭りは祭場や参列者などを祓い清める「修祓」の儀式、「降神」「献饌」とつづくが、ハイライトは大きなかけ声とともに棟木を棟にあげる「曳き綱の儀」、棟木を棟に打ち固める「槌打《つちうち》の儀」だろう。槌打の儀では「千歳棟《せんざいとう》、万歳棟《ばんざいとう》、永永棟《えいえいとう》」と声を発し、それが終わって銭や餅をまく「散餅銭《さんぺいせん》の儀」となる。そのとき、上棟祭の儀式はピークを迎えるが、これは銭や餅をまくことで災禍を祓い、除こうとするのである。

上棟祭が終われば、あとは家やビルの完成を待つだけだが、完成しても神々の役割はまだ残っている。

建物が完成し、入居する前にあたらしい家やビルを祓い清め、それらが安全であるように祈る儀式が待っている。これは竣工祭《しゅんこうさい》、あるいは新室祭《にいむろさい》ともいう。

祭は完成した家やビルのなかでおこなわれるが、このときも上棟祭のときとおなじヤフネククノチノミコト、ヤフネトヨウケヒメノミコト、テオキホオイノミコト、ヒコサシリノミコト、それに地域の神さま、ウブスナガミが招かれる。

神々も、天上の世界で椅子をあたためる暇もないのである。

日本の神々と祭と神輿

京都は祭の都である。五月三日の伏見稲荷《ふしみいなり》大社の稲荷祭、五月五日の藤森神社の藤森祭、賀茂別雷《わけいかずち》神社（上賀茂《かみがも》）の葵祭《あおいまつり》、七月に入ると八坂《やさか》神社の祇園祭《ぎおんまつり》（祇園会）があり、十月二十二日の平安《へいあん》神宮の時代祭と、京をにぎわす大祭が目白押しだ。このうち、葵祭、祇園祭、時代祭が京都の三大祭として知られている。

京都に住む随筆家の大山しげさんは、京の祭についてこう書き残している。

「宵山《よいやま》でのわたしは、ただもうお祭りに酔うていて、ええお祭りや、ええお祭りやと思いもって歩いている。そのうち涙がこぼれてきて、体裁の悪いこともあるけれど、ほんまにうれしいのである。そして、家に帰るともう一時をすんでいて、本祭りを迎える気分は、なんやらそわそわと、はなやいでいる。あしたの朝は一番に、神さんへも仏さんへもお灯《とう》明《みょう》をあげて、鉾《ほこ》の巡行をお迎えしまひょ」（『京都　火と水と』冬樹社）

　待ちに待ったお祭に胸をときめかすさまが見えるようである。

　私の家の周辺でも近くは根津神社、湯島天神、神田明神、少し行けば浅草《あさくさ》神社、俗に三《さん》社《じゃ》さまの祭がにぎわう。このうち神田明神の神田祭と三社さまの三社祭は日枝《ひえ》神社の山王《さんのう》

東京・浅草神社の勇壮な三社祭

祭とともに江戸時代からの三大祭として盛大ににぎわっている。

とくに浅草の三社祭の最大の見どころは神《み》輿《こし》の巡行だろう。浅草周辺の道には見物人があふれ返り、祭袢纏《はんてん》姿の男や女の担ぎ手が頭から湯気をあげ、町中を練り歩いていくさまは勇壮であり、見る者をさえも昂奮させる。京都の雅《みやび》な祭とは対照的である。

京都の祇園祭にも神輿は山車《だし》を引き連れて登場するが、この神輿はその名の通り、神霊を奉安する「輿《こし》」のことをいう。もともと、輿は貴人の乗り物をさしている。その輿のなかでも、天皇が行幸《ぎょうこう》に使う輿は「鳳輦《ほうれん》」「葱《そう》華輦《かれん》」と呼ばれている。

神輿がいつから登場したのか、その起源ははっきりとしない。

貴人の乗る輿

一説によれば、七四九年（天平勝宝元）に大分県宇佐《うさ》市の、宇佐八幡宮の八幡神が京にのぼり、奈良の東大寺の建立を援助すると託宣《たくせん》を下したとき、この遷座《せんざ》にはじめて紫色の輿が用いられたとされている。宇佐八幡宮はいわゆる全国各地の八幡宮の総本社とされているが、そこの八幡神が奈良に出むいた際、輿が使われたというのである。

そこには、神々と輿との深い関係が読みとれるだろう。

神輿は平安時代になると広く普及するようになり、江戸時代以降、祭の主役になっていく。神輿が練り歩くのは「渡御《とぎょ》」と呼ばれているが、その神輿渡御も江戸時代から徐々に盛大になっていった。祭を担った町人たちが富裕になったからである。

しかし、祭での神輿も勝手に町を練り歩いているわけではない。

祭ではまず神輿にその神社の分霊を遷《かえ》し、そののちに神社を出発する。これを「宮出し」(出御《しゅつぎょ》)と呼んでいる。こうして町中に出た神輿は途中、御旅所《おたびしょ》に立ち寄る。御旅所とは神々が神輿に乗って町に出かけたとき、仮の神座《かみざ》になるところをいう。

この御旅所に立ち寄りながら、神輿は担ぎ手によって氏子の住む区域を練り歩く。これを渡御という。渡御が終わると、神輿はふたたび神社にもどり、神座に還っていくのである。これが「宮入《みやい》り」であり、「出御」に対して「還御《かんぎょ》」と呼ばれている。

まだ神殿が出現する前のはるか昔、神々たちは神殿に定住することはなかった。神々は祭のたびに祭の場に姿をあらわし、祭が終わると姿を消していった。そう考えれば、祭のとき、神々が神輿に乗って神殿を離れ、ヒトの世界を練り歩き、ふたたび神輿に乗って神殿に還っていくのも不思議ではない。

神々がふらりとヒトの世界に舞い降りてくるからこそ、人びとは神々に親しみを感じ、日ごろの蓄積されたエネルギーを爆発させようとする。それが祭なのかもしれない。京都ではそれが雅な祭となり、下町の浅草では勇壮な祭となるのだろう。

神仏が呉越同舟《ごえつどうしゅう》する七福神《しちふくじん》

私たちになじみが深い七福神《しちふくじん》はいかにも日本的な摩訶不思議な世界だ。なぜなら、そこには仏の世界の重鎮たちと日本の神々たちが呉越同舟《ごえつどうしゅう》しているからである。

七福神とは、恵比寿《えびす》、大黒天《だいこくてん》、弁財天《べんざいてん》、布袋《ほてい》、福禄寿《ふくろくじゅ》、寿老人《じゅろうじん》、毘沙門天《びしゃもんてん》のことをいうが、それらがともに華やかな宝船に乗った絵をご覧になった人は多いだろう。七福神の面々はいずれも満面に笑みをたたえ、いかにも「福」に恵まれそうな表情を浮かべている。それが見る者の心をなごませ、七福神を身近に感じさせるゆえんだろう。

各地にはこれらの七福神をめぐるコースがあり、東京の下町には下谷《したや》、深川《ふかがわ》、亀戸《かめいど》、隅《すみ》田川《だがわ》（向島《むこうじま》）の七福神のコースがある。深川でいえば、富岡《とみおか》八幡宮、別名、深川八幡宮には恵比寿だとされ、円珠院《えんじゅいん》は大黒天、冬木《ふゆき》弁天堂は弁財天、深川稲荷は布袋、心行寺《しんぎょうじ》は福禄寿、深川神明宮は寿老人、龍光院《りゅうこういん》は毘沙門天といった具合である。

隅田川の七福神は三囲《みめぐり》神社の恵比寿と大黒天、長命寺《ちょうめいじ》の弁財天、弘福寺《こうふくじ》の布袋、向島百花園《ひゃっかえん》の福禄寿、白髭《しらひげ》神社の寿老人、多聞《たもん》寺《じ》の毘沙門天となっている。

深川の七福神の場合、富岡八幡宮や深川神明宮、深川稲荷は神社だが、あとの円珠院や心行寺などは寺だ。七福神とひとくちにいっても神と仏の混成部隊なのである。

恵比寿は戎神、恵比須神とも記される。七福神では鯛を抱え釣り竿をもっているが、イザナギノミコトとイザナミノミコトとの間に最初に生まれた神、ヒルコノミコト（蛭子命）

とされている。

ヒルコノミコトは生まれながらに成育が悪く、三歳になっても脚が立たなかった。そのため、両親はヒルコノミコトを葦舟《あしぶね》に乗せて海に流したと伝えられている。中世以降、不運な運命を背負った神は恵比寿さまと尊称され、めでたい七福神の一員になったのである。そのふくよかな笑顔はエビス顔と呼ばれている。

この恵比寿を祀る神社としてはヒルコノミコトを主な祭神とする西宮《にしのみや》神社（兵庫県）、一月におこなわれる「十日戎《とおかえびす》」の祭りで有名な今宮戎《いまみやえびす》神社（大阪）がある。

恵比寿とともに七福神の代表格が大黒天である。大黒天は頭巾《ずきん》をかぶり、大きな袋を背負い、右手にトレードマークの打ち出の小槌《こづち》をもち、米俵を踏んでいる。この大黒天はもともとは古代インドの神であり、豊穣をもたらす神とされていた。

その神は仏教では大日如来《だいにちにょらい》の化身とされ、仏法の守護神だった。戦闘の神、あるいは忿《ふん》怒《ぬ》の神とされ、凄まじい形相をしている。それが中国に渡って厨房の神となり、留学僧の最澄《さいちょう》が中国から帰国すると、大黒天を比叡山延暦寺《ひえいざんえんじ》の守護としたのだった。いまも延暦寺に伝えられる「三面六臂大黒天像《さんめんろっぴ》」の表情は険しく、笑みとは無縁である。

そののち、出雲《いずも》神話のスターだった美男の神、オオクニヌシノミコト（大国主命）と一体化し、現在の大黒天のイメージをつくりあげたといわれる。「三面六臂大黒天像」でのきびしい表情は消え去り、庶民的な福の神に変身したのである。

このほか、弁財天はインドの河の神であり、音楽を司《つかさど》る神さまだったが、日本にやってくると宗像《むなかた》大社（福岡県）の祭神、イチキシマヒメノミコト（市杵島姫命）と一体化している。ちなみに、宗像大社のイチキシマヒメノミコトは海の神である。

布袋はもともと中国の学識豊かな禅僧《ぜんそう》だとされるが、彼は乞食《こじき》同然の生活でも飄々《ひょうひょう》と人生を送ったとされる。いわゆる名物和尚《おしょう》だったわけだが、一方では弥勒菩薩《みろくぼさつ》の化身《けしん》ともいわれる。

頭長短身の老人として描かれる福禄寿と鶴や鹿をともなった仙人、寿老人は中国におこった道教《どうきょう》の神である。このうち、福禄寿は長寿を司るとされている。

毘沙門天は仏教の護国護法《ごこくごほう》の神である。仏教の四天王《してんのう》のひとつであり、別名、多聞天《たもんてん》とも呼ばれる。軍神や福を施す神さまとして知られている。

こう見てくれると、七福神には日本の神もいれば、もとはインドや中国といった外国の神々と日本の神とが一体化した神もいる。これらの国籍を越えた神々にあたらしい役目を与えられ、七つの神々が呉越同舟したのである。そして、室町時代以降、福を願う町民たちの間で七福神信仰が生まれ、今日なお、根強い人気をあつめている。

山の神、道祖神《どうそしん》——名も知れぬ在野の神々——

伊勢神宮にはアマテラスオオミカミが、出雲大社にはオオクニヌシノミコトが祀られ、毎年十月になると、全国各地の主だった神々が出雲に顔をそろえる。神々による大会合がおこなわれるのである。

だからこそ、各地から神々が姿を消す十月は「神無月《かんなづき》」と呼ばれている。逆に、神々があつまる出雲では「神在月《かみありづき》」と呼ばれている。

しかし、日本には出雲に招かれない神々もいる。それらは名のない神々であり、私たちの日常生活のそばにいる神々である。それらは民間の神々とも呼ばれている。山の神や田の神、水の神、海の神、竈神《かまがみ》、屋敷神、道祖神《どうそしん》などがそうである。

山の神でいえば、秋に出雲に招かれる神々もいる。『古事記』によれば、イザナギノミコト、イザナミノミコトによる神生みによってオオヤマツミノカミ（大山津見神）が誕生し、火の神であるカグツチノカミ（迦具土神）のからだからオクヤマツミノカミ（奥山津見神）などの山の神が誕生されたと記されている。これらの山の神々は神話に登場する神々であり、当然、出雲での神々の大会合からの招待状がとどけられる。

しかし、山とかかわって生活する人びとたちのための山の神もいる。

それは山を護り、山の生産を司る神々であり、林業や狩猟、炭焼きなどをする人たちに信仰されている。といっても、神々の名があるわけではない。ただ、山にかかわる人びとは山の神を敬《うやま》い、山の神の意に反すれば祟《たた》りがあると信じられている。たとえば、山の神の祭日に山に足を踏み入れれば災難に遭遇すると信じられている。

オオヤマツミノカミやオクヤマツミノカミが神話に認知された山の神々だとすれば、後者の山の神はそれぞれの地方ごとの、在野の山の神だといえるだろう。

山の神に対して、田の神は稲の豊穣をもたらす神さまである。それは地方によって「農神」「作り神」などと呼ばれるが、神社のような祠《ほこら》をもっているわけではない。多くの場合、春に農耕がはじまると、山の神が山から下って稲の生育を見守り、秋、稲の豊かな実りを見とどけると、ふたたび山に還っていくと信じられている。

水の神はその名の通り、水にかかわる神々の総称をいう。たとえば、田に水を引くときは川神となり、井戸水を汲《く》む井戸には井戸神がいるという風である。

井戸神の場合、たいていは井戸のかたわらにその神さまが祀られている。現在のような近代的な水道のなかった時代、井戸は人びとの生活を支える命綱だった。それだけに、小さな祠などをつくって水にかかわる神霊を祀ったのである。田に水を引き入れるところにも神が祀られるが、これも人びとの農耕に欠かせない水への思いを伝えている。

火も人びとの生活には欠かせないが、そこから生まれたのが火の神である。これは「竈神」ともいい、地方によっては「荒神《こうじん》」「三宝荒神」「釜神」などとも呼ばれる。

家のなかでも竈《かまど》のあるところ、つまり台所は重要な場所だった。食べ物の煮炊きをするから当然である。そこから、竈や火への信仰が生まれ、竈神、火の神が大切にされるようになった。いまでも、台所に竈神のお札を掲げる家庭が少なくない。その後、竈神は火の神としてだけでなく、家庭の守り神としての役割もはたすようになっている。

もともと、火にまつわる神々はヒノカグツチノカミ（火之加具土神）やホムスビノカミ（火産霊神）とされているが、家庭での竈神はこれらの名のある神々とはちがっている。それぞれの地方で信仰されてきたさまざまな形の火の神だったとされている。

道祖神

また、集落のはずれやほかの集落との境界付近、辻や橋のたもとでも在野の神々たちががんばっている。私たちになじみが深い道祖神である。この神は邪悪な悪霊や悪鬼などが侵入するのを防ぐ神々だ。このため、道祖神のある辻や橋のたもとでは、稲の生育を害する虫を退治する「虫送り」や疫病を追い払う「疫病送り」がおこなわれてきた。

道祖神が悪霊や疫病を防ぐとすれば、それらの災危をもたらす神もいる。疫神《やくしん》だ。これは「疫病神《やくびょうがみ》」「貧乏神《びんぼうがみ》」「死神《しにがみ》」などとも呼ばれるが、人びとにとっては招かざる神にはちがいない。そのため、人びとは集落の出入り口に竹竿を立て、氏神神社の神札を掲げたりして厄神の侵入を防ぎ、お祓いの行事をしてきたのである。

こうした名もない神々はいまでは忘れられがちだ。道祖神の意味を知る人たちも少なくなっている。その反面、山の神の怒りを恐れる人はいるし、竈神を台所に祀る人も少なくない。それは人びとの素朴な信仰と生活の知恵が生んだ神々だったからだろう。

新東京国際空港に鎮座するフツヌシノカミ

日本の名の知れた神々や、名もない在野の神々は、日本人の生活と密着し、そこから信仰が芽生え、長い時間をかけて後世の人たちに伝えられてきた。それはときに宗教という概念ではなく、伝統や風習として伝えられてもいる。しかし、仮に伝統や風習という形に変化したとしても、それが信仰の要素を残しているも事実である。

このような日本の神々をキリスト教徒はどう見ているのだろうか？

労働経済学が専門だった東大の隅谷《すみたに》三喜男《みきお》名誉教授は敬虔《けいけん》なキリスト教徒でもあったが、彼は日本人は現世の幸福を願う現世主義だと指摘し、こう発言している。

「……子供が生まれたら、神社に行き賽銭《さいせん》をあげて、『この子が一生涯幸福でありますように』と祈り、結婚式には神主さんを呼んできて、お祓いを受け、『二人がどうぞ幸せになりますように』と祈る。つまり自分たちの幸福しか祈りません。日本人の生活の基本的なパターンは幸福志向だと私は思っています。だから現世主義で現世をうまく生きることが大切で、それが正しいかどうかはどうでもいいのです」(『日本の信徒の神学』)

キリスト教的な信仰という点からすれば、日本人の日本の神々に対する態度は信仰ではなく、古い風習、あるいは因習のように映るのだろう。だからこそ、日本ではあたらしい宗教であるキリスト教は古い伝統が弱まった都会で広まっていったという。そして、キリスト教を担ったのは伝統的な社会から遊離した知識人だと指摘している。

たしかに、都会では伝統の力は弱まり、かつてのような氏神と氏子の濃密な関係はなくなってしまった。だからといって、浅草の三社祭や神田明神の神田祭がかつてのにぎわいを失ったわけではない。むしろ、年々、にぎわいをましている。京都の葵祭や祇園祭や時代祭が衰退したとも聞かない。日本の神々が死滅したわけではないのである。

東京の日本橋の三越本店の屋上にあがると、人はそこではれっきとした神社を発見するだろう。そこには二〇坪の敷地に御影石《みかげいし》の鳥居《とりい》があり、社は玉垣にかこまれている。木造の立派な授与所まである。これは墨田区にある三囲《みめぐり》神社の分社なのである。

三井グループの発祥は京都の豪商、三井家が日《に》本橋《ほんばし》の呉服商「越後屋《えちごや》」、のちの三越《みつこし》を開いたときにはじまる。開業当初、向島の方角が鬼門《きもん》とされ、隅田川の河畔にある三囲神社を鬼門除けとして崇めたが、以来、この神社が三井家と三井グループの守護神となっている。そのために三井グループの発祥の地、三越の本店屋上にはその分社が祀られ、各地の支店にも分社が祀られている。東京のど真ん中でも神々は健在なのである。

千葉県成田《なりた》市の新東京国際空港内にも小さな社が鎮座している。日航香取《かとり》神社である。これは空港が開業する前の、一九七八年（昭和五十三）日本航空が航空機の安全を祈願するために県内の香取神宮から分霊を招いたのだった。

祭神は天孫降臨《てんそんこうりん》に先立って国土を平定したとされるフツヌシノカミ（経津主神）だ。この神は武

三囲神社と境内にある三越の社章

道の神であるとともに交通安全の神、災難除けの神とされ、茨城県の鹿島神宮、奈良の春日大社などの祭神でもある。

国際化、ハイテクの最先端の国際空港に神話に登場する神々が鎮座しているとは意外だが、それは平成のいまも日本の神々が息づいている証明でもある。

第3章

八《や》百《お》万《よろず》の神々の系譜

イザナギとイザナミの神話

神話の時代、私たちの先祖はこの国を「葦原《あしはら》の中《なか》つ国《くに》」と考えていた。中つ国とは真ん中の国という意味だ。とすれば、中つ国の上にも下にも世界がなければならない。その上の国が神々の棲む「高天原《たかまがはら》」であり、下の国は死者たちの「黄泉《よみ》の国」だった。

高天原に最初に出現した神はアメノミナカヌシノカミ（天御中主神）である。この神は神々の棲む高天原を主宰する神であり、宇宙の根元をなす神とされている。いわば、八百万の神々の先駆者であり、その頂点に君臨する神といえるだろう。

アメノミナカヌシノカミにつづいて、タカミムスビノカミ（高御産巣日神）とカミムスビノカミ（神産巣日神）の神々がいる。これらの神々も宇宙の生成にかかわった神々であり、アメノミナカヌシノカミとともに〝造化の三神〟といわれる。

一方、高天原の神々のなかではじめて男の神、女の神として登場したのがイザナギノミコトとイザナミノミコトだった。彼らは結婚して夫婦となり、八つの島々を生んだ。淡路《あわじ》島、四国、隠岐島《おきのしま》、九州、壱岐《いき》、対馬《つしま》、佐渡島《さどがしま》、それに本州だ。こうして日本列島が誕生したのだが、これがイザナギノミコトとイザナミノミコトの「国生《くにう》み」である。

八つの島々は誕生したものの、その地は荒涼とした大地にすぎなかった。そこでイザナギノミコトとイザナミノミコトの夫婦神は大地を豊かにしようと考えた。

そのためには多くの神々を生まなければならなかった。海の神、山の神、水の神、土の神、風の神、木の神、穀物の神などだ。それらの神々が豊かな自然を約束してくれるからだ。夫婦の神は協力して地上の万物を生成していった。こうして荒涼とした大地が豊かな自然につくり変えられる条件が整っていく。これが夫婦神による「神生み《かみう》」である。

葦原の中つ国は別名、「豊葦原《とよあしはら》の瑞穂《みずほ》の国」ともいう。豊葦原とは葦の生い茂るような水辺をイメージし、瑞穂とはみずみずしく稲穂が茂るさまを表現している。つまり、豊葦原の瑞穂の国とは農耕に適した肥沃《ひよく》な土地といった意味になる。その肥沃な土地はイザナギノミコトとイザナミノミコトの夫婦神が万物を生成した結果だったのである。

イザナミノミコトが最後に生んだ神は火の神だった。しかし、火の神、ヒノカグチノカミを出産した直後、彼女は火傷《やけど》を負って命を落とし、黄泉の国に去ってしまう。

イザナギとイザナミの国生み

地上を去るとき、彼女は夫に「黄泉の国での私の姿を見ないように」と伝えたが、妻を忘れがたいイザナギノミコトは約束を破って黄泉の国を訪ね、彼女を連れもどそうとする。だが、そこでイザナギノミコトが見たのはウジにたかられた妻の醜悪な姿だった。

醜悪な姿を見られてしまったイザナミノミコトは激怒し、夫を殺そうとする。イザナギノミコトは命からがらに黄泉の国から地上に逃げ帰ったのだった。

そののち、イザナギノミコトは日向《ひゅうが》の阿波岐原《あわきはら》で禊ぎをし、黄泉の国の穢《けが》れを清めたのだった。このとき、左の目を洗ったときにアマテラスオオミカミが、右の目を洗うとツキヨミノミコト（月読命）が、鼻を洗うとスサノオノミコトが出現したのだった。

アマテラスオオミカミは太陽の女神であり、高天原を治め、月の神であるツキヨミノミコトは夜の世界を、スサノオノミコトは海を治めよと命じられる。アマテラスオオミカミとツキヨミノミコトはその命にしたがってそれぞれ高天原と夜の世界を治めたが、スサノオノミコトは亡き母、イザナミノミコトに会いたいと泣くばかりだった。

のち、スサノオノミコトは姉神のアマテラスオオミカミに別れを告げるために高天原に昇っていくが、このとき、大地や山河はゆれ動き、母への思いで涙を流せば青山は枯れ、海や川が干上がってしまった。常軌を逸するほどの激情家だったのである。その性格のせいか、彼は姉のいる神々の世界で乱暴狼藉《らんぼうろうぜき》を働いてしまう。怒ったアマテラスオオミカミは天の岩屋に身を隠し、高天原はたちまち闇夜に包まれてしまった。

これが天の岩屋の神話であり、その結果、スサノオノミコトは姉のアマテラスオオミカミからも見放され、高天原から追放されたのだった。

これらの物語は『古事記』や『日本書紀』に記されている神話である。

神話の世界はヒトの世界

これらの神話にはふたつの段階が感じられる。

第一は八百万《やおよろず》の神々の頂点に立つ最高の神、アメノミナカヌシノカミ（天御中主神）と、それにつづいたタカミムスビノカミ（高御産巣日神）とカミムスビノカミ（神産巣日神）の話である。これらの神々は宇宙を生成した造化の三神と呼ばれたが、具体的なイメージが湧かない。ヒトの営みや自然の匂いが漂ってこないのである。

神々の世界を描くには、なぜ、天地が創造されたのか、誰が最高のパワーをもっていたのかを説明しなければならない。そのためには最高の神が必要だった。こうして考えられたのがアメノミナカヌシノカミを頂点にした造化の三神だったのだろう。だからこそ、これらの神々はどこまでも抽象的であり、ヒトの匂いが感じられないのである。

これらの造化の三神と対照的なのがイザナギノミコトとイザナミノミコトだ。男の神と女の神が出会い、結婚したというだけでも新鮮なイメージを受けるが、さらに夫と妻の愛憎、母と子の絆《きずな》の物語がつづられている。神々の世界でありながら、ヒトの世界でくり広げられる家族の葛藤があり、昼のドラマを見るような錯覚にさえおちいる。

そもそも、男の神と女の神の結婚話がいかにもドラマ的である。

イザナギノミコトとイザナミノミコトは空に浮く天浮橋《あめのうきはし》から玉を飾った矛、天沼矛《あめのぬほこ》を海原に降ろし、矛で海水をかきまわして引きあげると、その滴《しずく》からオノコロ島が誕生したのだという。二神はその島に降り立ち、そこに建てた宮殿、八尋殿《やひろどの》で夫婦の契りを結んでいる。神々もヒトの世界とおなじように夫婦の契りを結ぶのである。

その後、夫婦は天の神々に命じられたままに神々を産んでいくが、それは夫婦の協力がなければなし遂げられない。「イザナギノミコトとイザナミノミコトは夫唱婦随《ふしょうふずい》でこの仕事に打ちこんだのだろうな」、そんな思いが浮かんでくる。それは私たちの先祖が夫婦の「和」がいかに大切かを示唆《しさ》しているようにも思える。

しかし、ヒトの世界では永遠に夫婦が愛しあい、理解しあえるとはかぎらない。夫婦も他人同士だからだ。そのため、ときには愛情が憎悪となってはね返り、思いもしない悲劇に見舞われたりする。イザナミノミコトの死後の出来事がそうだった。

死に直面したとき、彼女は夫のイザナギノミコトに死後の自分を見ないように約束させたが、夫は妻の言葉を忘れ、黄泉の国を訪れてしまった。ヒトの世界では女よりも男が未練たらしいというのが定説だが、神々の世界でも事情はおなじようだ。

イザナミノミコトは愛する夫に醜い姿を見られたくなかった。美しいイメージのままに黄泉の国で棲みたかったにちがいない。それが女心というものだろう。しかし、イザナギノミコトは妻を裏切り、その行為が妻の逆鱗《げきりん》にふれる。彼女の女心を傷つけ、自尊心を踏みにじってしまったのである。やがて怒りは夫への殺意に変化していった。

イザナミノミコトは女心を体現した神だったといえるかもしれない。

夫のイザナギノミコトは彼女の醜悪な姿にふるえあがり、あわてふためいて黄泉の国か

オノコロ島説のある絵島

ら逃げ帰っている。そこでは妻への愛情よりも醜悪な妻の姿への恐怖心が先立っている。夫としては冷たい態度だと責められても仕方がないだろう。冷静さをとりもどした彼自身はいたく反省し、日向の阿波岐原で禊ぎをする。妻との約束を破り、卑怯な行動をとった彼自身の穢れを清め、妻が棲む黄泉の国の穢れをも清めようとしたのだろう。

このストーリーには夫と妻の微妙な心の動きと葛藤が読みとれる。

イザナミノミコトの死は、神々にも死の世界があることを物語っている。しかも、彼女はやがて死者の世界、黄泉の国に君臨していく。神々が死ぬのは不思議だが、神々も死があれば、ヒトに死があるのも当然だ。そう考えると、彼女の死はヒトにも寿命があり、生者の世界とともに死者の世界も存在していることを示唆している。

禊ぎののち、イザナギノミコトが鼻を洗うと末息子のスサノオノミコトが誕生するが、彼は甘えん坊の駄々っ子だった。彼は母親に会いたいと泣きわめき、あげくは高天原で乱暴狼藉のかぎりをつくす。

姉のアマテラスオオミカミは懸命に弟のスサノオノミコトを庇《かば》おうとするが、ついには弟を見放し、スサノオノミコトは神々の世界から追放される。そこでは意志の強い長姉とわがままで感情的な末弟との葛藤が描かれている。

こう考えると、イザナギノミコトとイザナミノミコトは神々の世界でいながら、普通のヒトの匂いを強烈に放っている。神話の世界はヒトの世界の話のようでもあり、逆にヒトのごくありふれた日常が神話の世界にそのまま反映されている。

それは最高の神、アメノミナカヌシノカミとそれにつづく、タカミムスビノカミ、カミムスビノカミの、いわゆる造化の三神の世界とはあきらかに異なっている。

神武天皇――ヒトの匂いを放つ神の登場――

高天原を追放されたスサノオノミコトはその後、どうなったのだろう?

スサノオノミコトは神々の世界を追放されたあと、出雲の地に降《くだ》っている。それまでの彼は理性を失った激情家であり、周囲の迷惑も考えずに乱暴狼藉を働く神だった。姉、アマテラスが太陽の女神として理想の世界を体現していたとすれば、弟のスサノオノミコトはそれと対照的な役割を演じていた。

善玉と悪玉との関係である。しかし、出雲の地に降ったのち、スサノオノミコトの性格と行動はそれまでとは一変している。

スサノオノミコトの理不尽な乱暴狼藉は消え失せ、逆に、ひとつの体に八つの頭と尾をもつ巨大な八岐《やまた》の大蛇《おろち》を退治し、美しいクシナダヒメ（櫛名田比売）を助けている。髭や胸毛などを抜いて散らし、それらを杉や檜に変えて豊かな緑をもたらしてもいる。手に負えなかった悪玉が善玉に豹変し、出雲の英雄の神となったのである。

さらに、八岐の大蛇の尾からは草薙剣《くさなぎのつるぎ》（天叢雲剣《あめのむらくものつるぎ》）が出てくるが、スサノオノミコトはこれをこれまで迷惑をかけた姉、アマテラスオオミカミに献上している。この草薙剣はのち、イシコリドメノミコト（伊斯許理度売命）がつくった八咫鏡《やたのかがみ》、タマノヤノミコト（玉祖命）による八坂瓊曲玉《やさかにのまがたま》とともに皇位を象徴する「三種《さんしゅ》の神器《じんぎ》」となる。

八岐の大蛇と闘うスサノオノミコト

その後、スサノオノミコトはみずから助けたクシナダヒメと結婚し、その子孫にオオクニヌシノミコトが誕生し、彼は精力的に地上の世界、葦原の中つ国の国造りをはじめる。

一方、アマテラスオオミカミは豊葦原が栄えると知っていたく満足し、この国はわが子が統治する国だと考え、オオクニヌシノミコトに中つ国の奉還を命じたのだった。

そこでアマテラスオオミカミとオオクニヌシノミコトとの間で国ゆずりの交渉がおこなわれ、オオクニヌシノミコトは出雲の地の祭祀の主宰者となる条件で、アマテラスオオミカミの申し出を受ける。こうして出雲大社《いずもたいしゃ》が誕生し、オオクニヌシノミコトはその神事をすべてまかされる。のち、彼自身が出雲大社の祭神となる。

ここでは、アマテラスオオミカミもオオクニヌシノミコトも争うことはない。国ゆずりの交渉も順調に運んでいるように見える。

しかし、それは当時の力関係の結果だったとされる。

大和地方を拠点するアマテラスオオミカミの勢力が、出雲のオオクニヌシノミコトの勢力よりも強大だった。そのため、豊葦原を栄えさせたオオクニヌシノミコトも譲歩せざるを得ず、交渉の末、神事の権利を獲得するのが精一杯だったというのである。

他方、国をゆずりを受けたアマテラスオオミカミは、わが子アメノオシホミミノミコト（天忍穂耳命）の子であり、孫にあたるニニギノミコト（邇邇藝命、瓊瓊杵尊）に三種の神器を授け、地上に降ろさせたのだった。こうして邇邇藝命《ににぎのみこと》は天の雲をかきわけ、天浮橋を渡って日向の高千穂《たかちほ》の峰に降り立つことになる。これが天孫降臨《てんそんこうりん》の神話である。

ニニギノミコトは日向でコノハナノサクヤヒメ（木花之佐久夜毘売）と結婚し、その次男である山幸彦《やまさちひこ》は海の神の娘、トヨタマヒメ（豊玉姫）と結ばれ、息子のウカヤフキアエズノミコト（鵜葺草葺不合命）が誕生する。この息子は海の神の娘、タマヨリビメ（玉依姫）と結婚し、四柱の神々が生まれる。その末の子の名をカムヤマトイワレビコノミコト（神倭伊波礼毘古命）という。のちに初代天皇と呼ばれる神武《じんむ》天皇である。

神武天皇は天空の最高神から七代目、太陽を司る女神、アマテラスオオミカミから六代目として登場してくる。それは当時の国を支配していた天皇のルーツが太陽を司る女神や最高神だったことを示している。それこそが日本の神話の狙いだった。

高千穂の渓谷

物語はそれで終わらず、いよいよ神武天皇の段に入っていく。

カムヤマトイワレビコノミコトは高千穂から離れ、大和に都をつくろうと決意する。彼は水軍を率いて瀬戸内海沿いに東に進み、抵抗する豪族を打ち破っていった。こうして大和を平定し、畝傍山《うねびやま》の東南に宮殿を造営、初代の天皇の座についたのだった。

これは『日本書紀』に記された神武天皇の東征の物語だ。最高神、アメノミナカヌシノカミからはじまり、ついに七代目にして日本が建国されたというわけである。

天の岩屋の前に集結した「技」の神々

東征に成功したカムヤマトイワレビコノミコトは神武天皇と名乗ったが、それはのちの支配者が天皇の正統性を強調するための神話にすぎない。『古事記』や『日本書紀』の筆者たちはそのために気の遠くなるような物語を紡《つむ》いできたのだろう。

しかし、政治的な思惑とは別に、神話にはさまざまな神々たちが登場している。八百万の神々といわれるゆえんだが、そのなかにはさまざまな職業の創始者となった神々たちもいる。

それらの神々たちはアマテラスオオミカミが天の岩屋に隠れたとき、彼女を岩屋から誘い出すべく、岩屋の前に馳《は》せ参《さん》じたのだった。三種の神器のひとつ、八咫鏡《やたのかがみ》をつくったイシコリドメノミコトもそのひとりである。

彼はアマテラスオオミカミの心を慰めるために

神武天皇の東征

神聖な鏡をつくっている。『古事記』には、「……鍛人天津麻羅《カヌチアマツマラ》を求《ま》ぎて伊斯許理度売命《イシコリドメノミコト》に科《おお》せて鏡を作らしめ」、とある。これが八咫鏡である。この話からも、イシコリドメノミコトが卓越した工芸家であり、鏡つくりの達人だったことがわかるだろう。

ちなみに、前出の鍛人天津麻羅《かぬちあまつまら》とは天の岩屋の前にあつまった神のひとりであり、鍛冶《かじ》の神だった。それも目がひとつだけという、妖怪《ようかい》を連想させる神である。

タマノヤノミコトは八坂瓊曲玉をつくり、これを玉串に飾ってアマテラスオオミカミに捧げている。そのころ、曲玉は鏡とともに神が宿る依代とされ、不思議な霊力を秘めていると信じられていた。タマノヤノミコトも曲玉づくりの名人だったのである。

ニニギノミコトが高千穂の峰に天孫降臨したとき、イシコリドメノミコトとタマノヤノミコトもニニギノミコトに従って地上に降り、イシコリドメノミコトはその技を地上に広め、鏡をつくる鏡作連《かがみつくりのむらじ》の祖神《おやがみ》となっている。一方のタマノヤノミコトは玉作りの祖神となり、のち、日向から周防《すおう》（山口県）に移り、中国地方を統治したとされている。

前出のカヌチアマツマラ（鍛人天津麻羅）も天孫降臨のときにイシコリドメノミコトらと地上に降り、鍛冶の技を伝え、のちに鍛冶の祖神となっている。

アメノフトダマノミコト（天太玉命）も天の岩屋の前に駆けつけている。この神は八咫鏡や八坂瓊曲玉を祭壇に飾り、みずからがつくった玉串をアマテラスオオミカミに捧げている。その彼は注連縄の考案者でもあった。アマテラスオオミカミが岩屋から出てきたとき、この神はすかさず注連縄を岩屋の入り口に飾っている。それは岩屋の入り口をふさぐ形になり、アマテラスオオミカミが岩屋にもどる道は閉ざされたのである。

以後、注連縄は神体や神域のまわりに張りめぐらされるようになり、その内側は神聖、かつ清浄な場所を示すようになった。いま、神社の社殿や鳥居に注連縄が張られるのはそのためである。のち、アメノフトダマノミコトは有力な豪族、忌部《いんべ》氏の祖となり、忌部氏は祭祀に奉仕する家柄になっている。それも天の岩屋での功績が認められたからにちがいない。

さらに、天の岩屋の前で朗々と祝詞《のりと》を奏上したアメノコヤネノミコトは言霊《ことだま》の呪力に秀でた神であり、祭事には欠かせない祝詞の祖神《おやがみ》となった。彼女は神かかりの状態で踊り、アマテラスオオミカミの気を引いたが、その結果、芸能の祖神ともなった。

アメノコヤネノミコトとアメノウズメノミコトも、天孫降臨ではニニギノミコトに従って地上に降り立ち、アメノコヤネノミコトは祭祀を担当することになり、有力な豪族、中臣氏、のちの藤原氏の祖神となる。

アメノウズメノミコトは天孫降臨の道案内をしたサルタヒコノカミ（猿田彦神）と結婚し、夫の故郷、伊勢で大嘗祭《だいじょうさい》や神楽《かぐら》の舞などに奉仕した猿女君《さるめのきみ》の祖神となった。彼女の

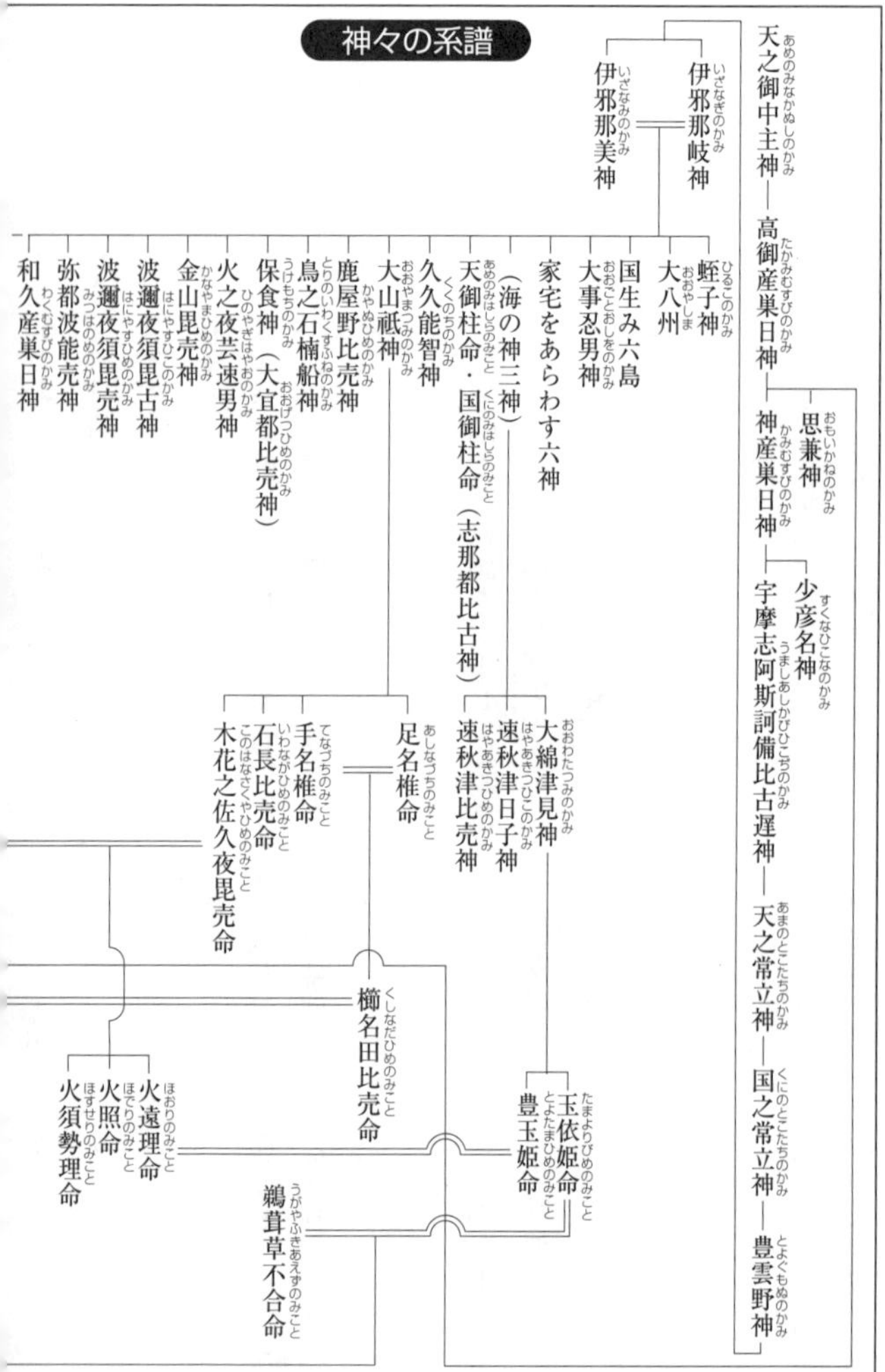
神々の系譜
天之御中主神《あめのみなかぬしのかみ》
高御産巣日神《たかみむすびのかみ》
神産巣日神《かみむすびのかみ》
宇摩志阿斯訶備比古遅神《うましあしかびひこぢのかみ》
天之常立神《あまのとこたちのかみ》
国之常立神《くにのとこたちのかみ》
豊雲野神《とよぐもぬのかみ》
思兼神《おもいかねのかみ》
少彦名神《すくなひこなのかみ》
伊邪那岐神《いざなぎのかみ》
伊邪那美神《いざなみのかみ》
蛭子神《ひるこのかみ》
大八州《おおやしま》
国生み六島
大事忍男神《おおごとおしをのかみ》
家宅をあらわす六神
（海の神三神）
天御柱命《あめのみはしらのみこと》・国御柱命《くにのみはしらのみこと》（志那都比古神）
久久能智神《くくのちのかみ》
大山祇神《おおやまつみのかみ》
鹿屋野比売神《かやぬひめのかみ》
鳥之石楠船神《とりのいわくすふねのかみ》
保食神《うけもちのかみ》（大宜都比売神《おおげつひめのかみ》）
火之夜芸速男神《ひのやぎはやおのかみ》
金山毘売神《かなやまひめのかみ》
波邇夜須毘古神《はにやすひこのかみ》
波邇夜須毘売神《はにやすひめのかみ》
弥都波能売神《みつはのめのかみ》
和久産巣日神《わくむすびのかみ》
大綿津見神《おおわたつみのかみ》
速秋津日子神《はやあきつひこのかみ》
速秋津比売神《はやあきつひめのかみ》
足名椎命《あしなづちのみこと》
手名椎命《てなづちのみこと》
石長比売命《いわながひめのみこと》
木花之佐久夜毘売命《このはなさくやひめのみこと》
櫛名田比売命《くしなだひめのみこと》
玉依姫命《たまよりびめのみこと》
豊玉姫命《とよたまひめのみこと》
火遠理命《ほおりのみこと》
火照命《ほでりのみこと》
火須勢理命《ほすせりのみこと》
鵜葺草不合命《うがやふきあえずのみこと》

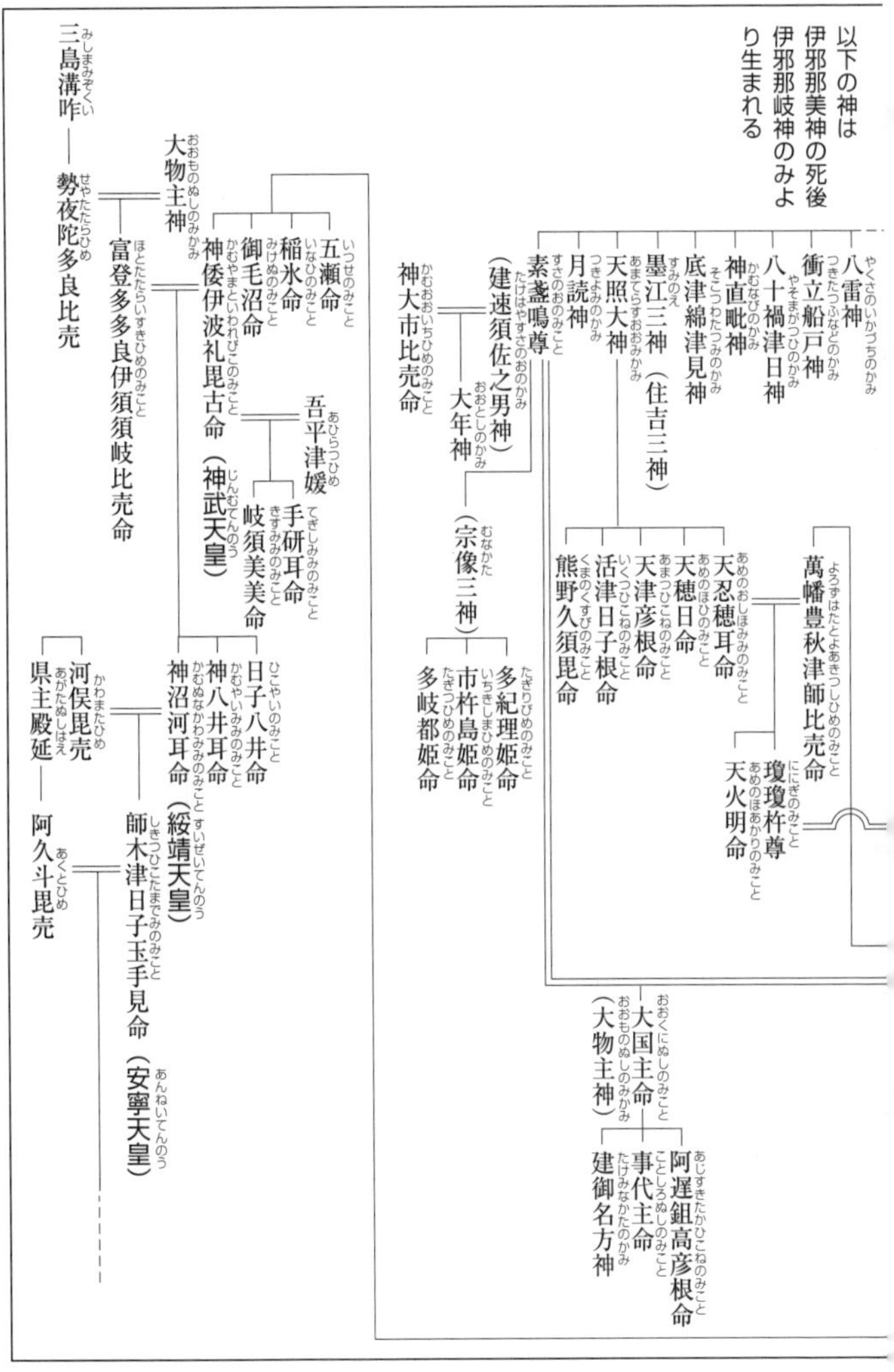
以下の神は伊邪那美神の死後伊邪那岐神のみより生まれる
八雷神《やくさのいかづちのかみ》
衝立船戸神《つきたつふなどのかみ》
八十禍津日神《やそまがつひのかみ》
神直毘神《かむなびのかみ》
底津綿津見神《そこつわたつみのかみ》
墨江《すみのえ》三神（住吉三神）
天照大神《あまてらすおおみかみ》
月読神《つきよみのかみ》
素盞嗚尊《すさのおのみこと》
（建速須佐之男神《たけはやすさのおのかみ》）
神大市比売命《かむおおいちひめのみこと》
大年神《おおとしのかみ》
（宗像《むなかた》三神）
多紀理姫命《たぎりびめのみこと》
市杵島姫命《いちきしまひめのみこと》
多岐都姫命《たぎつひめのみこと》
萬幡豊秋津師比売命《よろずはたとよあきつしひめのみこと》
天忍穂耳命《あめのおしほみみのみこと》
天穂日命《あめのほひのみこと》
天津彦根命《あまつひこねのみこと》
活津日子根命《いくつひこねのみこと》
熊野久須毘命《くまのくすびのみこと》
瓊瓊杵尊《ににぎのみこと》
天火明命《あめのほあかりのみこと》
大国主命《おおくにぬしのみこと》
（大物主神《おおものぬしのみかみ》）
阿遅鉏高彦根命《あじすきたかひこねのみこと》
事代主命《ことしろぬしのみこと》
建御名方神《たけみなかたのかみ》
大物主神《おおものぬしのみかみ》
三島溝咋《みしまみぞくい》
勢夜陀多良比売《せやたたらひめ》
富登多多良伊須須岐比売命《ほとたたらいすきひめのみこと》
五瀬命《いつせのみこと》
稲氷命《いなひのみこと》
御毛沼命《みけぬのみこと》
神倭伊波礼毘古命《かむやまといわれびこのみこと》
（神武天皇《じんむてんのう》）
吾平津媛《あひらつひめ》
手研耳命《てぎしみみのみこと》
岐須美美命《きすみみのみこと》
日子八井命《ひこやいのみこと》
神八井耳命《かむやいみみのみこと》
神沼河耳命《かむぬなかわみみのみこと》
（綏靖天皇《すいぜいてんのう》）
河俣毘売《かわまたひめ》
県主殿延《あがたぬしはえ》
師木津日子玉手見命《しきつひこたまでみのみこと》
（安寧天皇《あんねいてんのう》）
阿久斗毘売《あくとひめ》

才能はそれらの舞台で生かされたのである。

これらの神々はいずれも有能な職能者であり、すぐれたアイデアマンだった。そんな彼らはいずれも天孫降臨のときにニニギノミコトに従い、地上にそれぞれの技を伝承していったのである。逆にいえば、この世にはさまざまな技をもつ人間が必要とされ、すでにいたにちがいない。それらの先祖が神々となって神話に登場したのだろう。

ここでも、当時のヒトの世界が神話に映し出されている。

ギリシャ神話との相違――共存共栄する八百万の神々――

日本の神といえば八百万という言葉を連想するが、それはなにも八百万柱の神々が勢ぞろいしているわけではない。多くの神々たちがいるという意味である。

といっても、神々の多さ、神々の多様な役割には驚くばかりだ。事実、日本の神々が一目にわかる系図を見ていると、その多さに圧倒され、複雑に入り組んだ系譜に困惑するばかりである。

たとえば、イザナギノミコトとイザナミノミコトとの間には最初にヒルコノカミが生まれ、次々に子供たちが誕生している。その数は二〇柱におよぶ。

妻の死後も、なぜかイザナギノミコトだけから生まれた神々がいて、イザナミノミコトの死体から化生した神、イザナギノミコトが黄泉の国から帰って禊ぎをしたとき、彼が投げたものから化生した神々もいる。さらに禊ぎのときに生まれたアマテラスオオミカミやスサノオノミコトといった神々がいる。当然のことながら、そこから子や孫、曾孫たちが誕生していく。

そう考えれば、八百万というのもあながち的外《まとはず》れではない気がしてくる。神々の多さと複雑でいえば、ギリシャ神話の世界もそうである。

ギリシャ神話の世界ではまず虚空や深遠を意味するカオスが誕生し、カオスからガイア(大地)、タルタロス(冥界の最深部)、エロス(原初の力)が生まれる。このうち、ガイアはひとりで三人の息子を生んだあと、ウラノス(天)との間に一八人の子供たちを生むが、子供たちを嫌悪するウラノスは彼らをタルタロスに投げこんで幽閉する。

妻のガイアは夫の仕打ちを怒り、子供のひとり、クロノスに金剛《こんごう》の斧《おの》を渡し、父親のウラノスに復讐するように勧《すす》める。クロノスは母親の勧めに従ってクロノスを襲い、その男根を切り落とし、海に投げ入れる。このとき、ウラノスの精液からアプロディテ(ヴィーナス)が、ウラノスの血から巨人族のギガスと復讐の三女神が誕生している。

クロノスは支配権を手にし、妹のレアを妻とし、レアはヘスティアら五人の子供を生んだが、クロノスはこれらの子供を次々と呑みこんでしまった。天の神が「子供たちがいつの日か父親のクロノスを襲うだろう」と予言し、クロノスはその言葉を耳にしていたからだ。みずから父親を襲っただけに、クロノスは子供たちを恐れたのである。

わが子たちを失ったレアは悲しみ、ひそかにクレタ島に渡ってゼウスを生んだ。ゼウスはクロノスに知られないようにクレタ島で育てられ、成長すると、女神、メティスからもらった薬をクロノスに与え、呑みこんだ兄や姉たちを吐き出させる。

その後、ゼウスは兄や姉たちとともに、クロノスやその兄弟たちと一〇年間にわたって壮絶な戦いをくり広げ、これに勝利するのだった。

こうしてゼウスがギリシャの支配者になったのである。

その後、ゼウスとその兄姉たちは、神々に恐れられていた怪物のデュポンを倒し、巨人族のギガスをも打ち破り、その権威を世界に示したのだった。ゼウスはその頂点に君臨し、ゼウスの一族の主な神々は「オリュンポスの十二神」と呼ばれるようになる。むろん、ゼウスは十二神のうちでも最高の神とされ、天空の支配者となったのである。

原初の神、カオスから天空の支配者、ゼウスにいたるプロセスは、日本の神話では最初に天空にあらわれたアメノミナカヌシノカミからアマテラスオオミカミの誕生、その孫にあたるニニギノミコトの天孫降臨、さらには神武天皇の登場を連想させる。

ギリシャと日本のさまざまな神々たちも、そのイメージがだぶってくる。

　ギリシャ神話ではヘレネが月の女神とされたが、日本の神話ではツキヨミノカミが月の精霊であり、夜の支配者だった。ゼウスとヘラの子、パイストスは火と鍛冶の神として崇《あが》められ、のちに工芸の守護神となったが、日本にはカグツチノカミが火の世界を支配し、天の岩屋にいたカヌチアマツマラは鍛冶の技に長けた神だった。日本には竈神が台所と家庭を守ったが、ギリシャではゼウスの長姉、ヘスティアがそうだった。

　ギリシャでも日本でもまず最高の神が誕生し、そののちに多くの神々たちが登場し、それらの神々は複雑に絡みあい、さまざまな職業の神たちが地上の生活を担《にな》っていたのである。ヒトの生活がおなじであれば、似たような神々が求められたのだろう。

　しかし、ギリシャの神話と日本の神話とでは決定的に異なることがある。ギリシャには血腥い復讐の連鎖があり、その結果、最終的にゼウスが天空の支配者として君臨するようになった。それに比べ、日本では復讐の連鎖は見られない。

　せいぜいスサノオノミコトが乱暴狼藉を働き、高天原を追放されたぐらいである。そのスサノオノミコトも、出雲の地では豊葦原の実現に精を出し、国ゆずりではその支配権をアマテラスオオミカミに奉還している。

　ウラノスとクロノス、クロノスとゼウスといったように親と子が激しく憎悪し、血で血を洗うような壮絶な戦いは見られない。

日本の八百万の神々は役割を分担し、共存共栄していたのである。

アダムとイブとプロメテウスの罪

『旧約聖書』の「創世記」によれば、神は地と天を創造したあと、土の塵《ちり》から人間をつくり、命の息を鼻に吹きこみ、エデンの園に置いた。そののち、神は園の中央に命の木と善悪を知る木を植えさせ、善悪を知る木から木の実をとって食べるのを禁じた。

しかし、狡猾な蛇にそそのかされたイブは善悪を知る木の実を食べ、アダムにも与えてしまった。ふと目を開いたとき、彼らは一糸まとわぬ状態だと知り、あわてて無花果の葉を腰に巻いた。そのとき、神は善悪の木の実を食べたアダムとイブに罰を与えたのである。アダムには食物を得るための労苦を、イブには出産の苦しみを、土に還る死をも与えた。

さらに、アダムとイブはエデンの園から永久に追放されてしまう。その罪は神の意志を無視したためだ。いわば神への反逆である。反逆した以上、罪を免れない。そして、人間は誰しもアダムの子孫であり、生まれながらに原罪を背負うとされたのだった。

これが『旧約聖書』に登場するアダムとイブの物語である。

アダムとイブの罪は神の意志に背いたことだった。まず神が存在し、その神に反したときに罪が生じるからだ。それはギリシャ神話の世界でもおなじである。

プロメテウスは、ガイアとウラノスの間に生まれたイアペトスの子供だった。巨人族のギガスも撃破し、オリュンポスの最高神となったゼウスとは血のつながった関係にある。しかし、プロメテウスとゼウスとでは、神とヒトに対する考え方が正反対だった。

ゼウスは神々とヒトの世界とを区別し、神々に至福を、ヒトには災いを与えようと考えていた。プロメテウスは逆に、神々に試練を、ヒトに至福《しふく》を与えたいと考えていた。そんなある日、プロメテウスは自分の考えを実現するためにゼウスに罠《わな》を仕かける。彼は巨大な牡牛《おうし》を殺し、それをふたつにわけてゼウスに差し出したのである。

ひとつは肉と内臓を皮で包み、もうひとつは白い骨を脂肪で隠したものだった。プロメテウスの考えによれば、ヒトには肉と内臓を皮で包んだものがふさわしいはずだった。ヒトが生きるのに役立つからだ。それに比べ、白い骨は食べようにも食べられない。ヒトには無用の長物であり、それは神にこそふさわしいと考えたのである。

ゼウスはプロメテウスの考えを見抜いていた。見抜いた上で、あえて白い骨を選択したのだった。プロメテウスの思惑は成功したかに見えたが、現実はまるで逆だった。骨は腐敗することもなく、神々に不死と不滅が与えられたのだった。これに対し、肉と内臓は時間とともに腐敗してしまう。そのため、ヒトには死と滅亡が与えられたのである。

この神話では、プロメテウスは最高の神、ゼウスの意志に背いている。神への反逆である。このため、プロメテウスはその罪に対して罰を受けることになる。アダムとイブはエデンの園を追放されたが、プロメテウスはコーカサスの岩山に縛りつけられ、大鷲《わし》の餌とされたのだった。しかし、神々はあくまでも不死であり、不滅だ。そのためにプロメテウスは大鷲に襲われてもふたたび甦《よみがえ》り、地獄の苦しみを味わったのである。

『旧約聖書』のアダムとイブも、ギリシャ神話に登場するプロメテウスも、神々への裏切りが罪とされた。その結果、彼らはそれぞれに神から罰を受けたのである。

では、日本の神々の世界にも「罪」は存在するのだろうか？　アダムとイブのように、あるいはプロメテウスのように、神の意志に反した神々がいただろうか？　いるとすれば、ここでもあのスサノオノミコトが思い出される。神はスサノオノミコトに「海を治めよ」と命じたが、彼は神の意志に従わなかった。神への反逆といえば反逆である。

しかし、アダムとイブの原罪とはかなり様相が異なっている。

アダムのように労苦を与えられたわけでも、罪を犯したことで死の概念を植えつけられたわけでもない。プロメテウスのように岩山で地獄の責め苦を強いられたわけでもない。彼は出雲で汗を流して豊葦原を築き、敗者復活戦に勝利したのである。アダムやイブやプロメテウスと、出雲のスサノオノミコトはどこがどう異なるのだろうか？

「罪」を禊ぎと祓いで帳消しにする日本の神々

その答えのヒントが九二七年（延長五）に完成した『延喜式《えんぎしき》』の「大祓詞《おおはらいのことば》」に見られる。この大祓の詞は祝詞なのだが、そこにはヒトが犯してはならない「罪」が記されている。そこには八種の「天《あま》つ罪」と一三種の「国《くに》つ罪」があげられている。『広辞苑』によれば、天つ罪とは「天上で犯した罪。素戔嗚尊《すさのおのみこと》が天上（高天原）で犯した罪」とある。素戔嗚尊とはスサノオノミコトである。これに対し、国つ罪とは「人々が国土で犯した罪」とある。つまり、天つ罪は神々が犯した罪であり、国つ罪はヒトが犯した罪をいう。

天つ罪には、①田の畦《あぜ》を壊して稲の成長を妨げる「畦放《あはな》ち」②田に水を引くための溝を埋めてしまう「溝埋め」③おなじく樋を壊す「樋放《ひはな》ち」④他人の田に勝手に種を播く「重播《しきま》き」⑤作物の収穫時に他人のものを自分のものとする「串刺し」と、稲づくりを妨げる行為がつづき⑥生きている馬の皮を剥《は》ぐ「生き剥ぎ」⑦馬の皮を尻の方から剥ぐ「逆剥《さかさ》ぎ」⑧収穫祭の場所に汚物をまき散らす「糞戸《くそへ》」の八種である。

これらはいずれも農耕に関係している。つまり、農耕を妨げたり、農耕のあとの収穫祭を台無しにすると罪になるのである。『広辞苑』には「スサノオノミコトが高天原で犯した罪」とあったが、それは彼が乱暴狼藉を働いたことをさしている。

彼はアマテラスオオミカミの田の畦を壊し、溝を埋め、重播きをし、あげくは収穫祭のときに汚物をまき散らしている。それらは天つ罪のオンパレードだ。だからこそ、アマテラスオオミカミによって、天上の世界から追放される憂き目に遇ったのである。

国つ罪には、生者や死者の肌を傷つける「生膚断ち《いきはだたち》」と「死膚断ち《しにはだたち》」、実母や実子と相姦する「おのが母犯せる罪」と「おのが子犯す罪」、家畜と獣姦する「畜《ちく》犯せる罪」など、不道徳なセックスがならび、雷による災難で死傷者が出る「高つ神の災い」、さらには瘤《こぶ》のできる病「胡久美《こくみ》」など、今日では罪とも思えない病もあげられている。

これらの罪を犯せば、当然、罰せられることになるが、ギリシャ神話のプロメテウスのように、地獄の責め苦を強いられたわけではない。罪を悔い、心をあらためれば、スサノオノミコトのような敗者の復活が可能だったのである。そこには狩猟民族と農耕民族との相違が感じるが、日本人の罪に対する考え方がヨーロッパ人とは異なるといわれる。前出の國學院大学の三橋健《みつはしたけし》さんは、日本人の罪についてこう記している。

「ツミという語源は、ツツシミとかツツシムという言葉に求めることができる。現代人の視点は何か悪いことをした結果に置かれ、それを罪といっているが、元来は罪を犯さないように謹慎していることがツミであったように思う。じっと籠って罪を犯さないことが罪の原義であった」(『神道』)

罪を犯さなければそれに越したことはないが、罪を犯せば罰によって償《つぐな》わなければならない。これは日本の神々の世界と、そこから生まれた神道という宗教でもおなじだ。だからこそ、スサノオノミコトは高天原から追放されたのだった。ただし、神々の世界には日本独特のシステムが用意されている。それが「禊ぎ」と「祓い」である。

日本の政治家が罪に問われ、その後の選挙で当選したとき、「これで禊ぎを終えた」、彼らはときにこう語ったりする。彼らとしては当選によって過去の罪が帳消しになったという思いだろう。「それで罪が帳消しになってたまるか」。聞いている方はそう思ってしまうが、日本人はときにこういう形で禊ぎという言葉を使うのである。

しかし、禊ぎの本来的な意味は、ヒトが抱えている罪や穢れを捨て去り、清浄な心に立ち返ることだとされている。その起源は、イザナギノミコトが妻、イザナミノミコトの棲む黄泉の国から逃げ帰ったとき、日向の阿波岐原で禊ぎをしたことにはじまる。卑怯な行動をとった彼自身の穢れを清め、黄泉の国の穢れをも清めようとしたのだ。

祓いにも似たような意味がこめられている。過去の罪や穢れを祓い清めるのである。そして、禊ぎや祓いで罪や穢れが清められれば、ヒトとしての出直しが可能となる。その典型的な儀式が年に二度、六月と十二月におこなわれる「大祓《おおはらい》」だろう。

大祓では人の形に切った白紙「人形《ひとかた》」などを用い、半年間の穢れを祓い、無病息災《むびょうそくさい》を祈り、茅《かや》や藁《わら》を束ねた茅《ち》の輪《わ》をくぐり抜ける。六月であれば、くぐり抜けるとき、「水無《みな》月《づき》夏越《なごし》の祓する人は千歳《ちとせ》の命のぶというなり」、こう唱えるという。それによって清らかな心をとりもどすというわけである。この儀式は中世以降、神社での恒例の儀式となり、六月の儀式は「夏越《なつこし》の祓」、十二月のそれは「年越《としこし》の祓」と呼ばれている。

　ギリシャ神話のプロメテウスは地獄の責め苦から逃れらなかったが、スサノオノミコトは敗者からの復活を遂げている。

　その最大の要因は、日本の神々の世界に禊ぎと祓いのシステムが整っていたからだろう。それを都合よく利用しているのが厚顔な政治家たちだというわけだが、このシステムは日本の神々が寛容だったからにちがいない。

茅の輪くぐり

神仏習合──神々が仏の仮の姿になった──

日本の神々は寛容だったと書いたが、それは中国や韓国の神々がはるばる日本列島に渡来、いつしか日本の神々として定着していった事実が物語っている。

たとえば、兵庫県北部の出石《いずし》町に出石神社というのがある。ここの祭神はアメノヒボコノミコト（天日槍命）とイズシノヤマエノオオカミ（出石八前大神）だが、このうち、アメノヒボコノミコトはかつては朝鮮半島の新羅《しらぎ》の王子だった。

新羅の王子だったとき、この神はアカルヒメ（安加留比売）を美しい女神を妻にしていた。彼女は女の陰部に日の光がさして赤い玉が生まれ、その玉が化身したといわれる。アメノヒボコノミコトはそんな美貌《びぼう》の妻と睦《むつ》まじく暮らしていた。

しかし、ある日、アカルヒメは夫の理不尽な態度に嫌気がさし、親が住む難波《なにわ》（大阪）に帰ってしまった。アメノヒボコノミコトは妻が忘れられず、国を弟にゆずり、妻が住むという難波をめざしたのだった。しかし、航海は難儀し、出石に漂着したのである。その後、アメノヒボコノミコトは日本の神となり、土地の女をめとったのだった。

ちなみに、大阪市東成《ひがしなり》区にある比売許曾《ひめこそ》神社の祭神はアカルヒメである。

海外からやってきた神々は渡来神《とらいしん》といわれ、中国からの神は「漢神《かんしん》」、朝鮮半島からの神は「韓神《かんしん》」と呼ばれる。アメノヒボコノミコトとアカルヒメも韓神だったわけだが、日本の神々は彼らを拒絶することはなかった。寛容だったのである。それとともに、渡来の神々の存在ははるか昔、日本とそれらの地との間で交流があった証《あかし》でもある。

日本に仏教が伝来したのは六世紀の半ばごろ、欽明《きんめい》天皇の時代だった。その当時、仏教も渡来の神だと考えられ、「蕃神《あだしくにのかみ》」と呼ばれる。しかし、仏教が日本に浸透するにつれ、古来の日本の神々と釈迦《しゃか》がおこした仏教との関係をどう理解し、思想的に整合させるかという問題が浮上してきた。それは信仰上、重大なテーマだったのである。

その解決策としてクローズアップされたのが「神と仏は一体だ」という考えだった。そう考えれば、日本の神々と仏教とは共存できるはずだった。少なくとも、ふたつの宗教の間で翻弄《ほんろう》されることはない。この考えが神仏習合《しんぶつしゅうごう》の思想である。

寛容といえばたしかに寛容だが、いい加減といえばこれほどいい加減な話はない。

なぜなら、日本の神々はもとは自然崇拝からはじまり、民族宗教的な香りを放ち、古来、その風土に根ざしてきた。聖書や経典もないシンプルな宗教だった。これに対し、仏教は釈迦が現世を超越して悟りを開き、経典をもとに伝播《でんぱ》していったからだ。

平安時代に入ると、日本の神々の立場はさらに変化していった。神仏習合の思想が理論的な根拠を手にしたからだ。それが「本地垂迹説《ほんじすいじゃくせつ》」である。

本地垂迹説とは、仏こそが日本の神々の本来の姿、つまり「本地」であり、神々は衆《しゅ》生《じょう》を救うために仏や菩薩《ぼさつ》に姿を変えてあらわれるというのだ。

たとえば、伊勢神宮の神々は仏教の大日如来《だいにちにょらい》という形で姿をあらわし、熊野の神や八幡の神々は阿弥陀如来《あみだにょらい》、京都の賀茂の神々は聖観音《ひじりかんのん》といったふうだ。さらに、日本の神々は仏の仮（権）の姿だということから、「権現《ごんげん》」という号が誕生することになる。熊野神社が熊野権現、東京の山王神社が山王権現と呼ばれるようになったのである。

こうして神と仏の一体化に理論的な根拠が与えられたのである。

そうなると、神社の本殿に仏像や神像がならび、境内に堂塔《どうとう》や伽藍《がらん》が建立《こんりゅう》され、社領の管理を神主と僧侶が一緒にするという光景が見られるようになる。

ただし、神々と仏は同体だといっても、実際は仏が主役であり、神々は脇役にすぎなかった。表むきは神々の姿をしていても、その魂は大日如来や阿弥陀如来だとされたのだから。いつしか、日本の神々は仏の仮の姿に身をやつしてしまったのである。

孔子に助けを求めた日本の神々

日本の神々は仏の脇役に転落してしまったが、仏が主役の本地垂迹説に反逆する人びともあらわれた。彼らの考えはそれまでの本地垂迹説の逆だった。日本の神々があくまでも主役であり、仏が脇役というのである。これは「反本地垂迹説」と呼ばれる。

南北朝の時代、反本地垂迹説を展開したのは伊勢神宮の外宮《げくう》の神主たちだった。そのときから、日本の神々は仏の脇役から解き放たれ、神々はみずからの主体性を回復しようとしたのである。この反本地垂迹説は「伊勢神道《いせしんとう》」と呼ばれる。

伊勢神道の理論化をすすめたのが度会行忠《わたらいゆきただ》であり、度会家行《いえゆき》は行忠の伊勢神道をさらにすすめ、日本の神々を最高とし、儒教《じゅきょう》や仏教はそれに従うものとした。その結果、日本における天皇の地位を歴史的、宗教的にあきらかにしようとしたのである。

伊勢神道の後に登場したのが、室町時代の「吉田神道《よしだしんとう》」だった。

これを唱えたのは京都の吉田神社の神主、吉田兼倶《よしだかねとも》だった。彼によれば、日本の神々が最高とされ、仏教をはじめ、孔子《こうし》が創始した儒教、中国独自の宗教だった道教は脇役であり、日本の神々に輝きを与える存在だとしている。これが吉田神道である。

吉田兼倶は学究肌の人間だったが、すぐれた政治力にも恵まれていた。彼は室町幕府の八代将軍、足利義政《あしかがよしまさ》の妻、日野富子《ひのとみこ》の信任を受けており、その影響力は朝廷にまでおよんだという。そのため、吉田神道は幕末までの三〇〇年間、神社界を支配している。

やがて、伊勢神道や吉田神道からあらたな分派が誕生している。それらは「学派神道」と呼ばれるが、それらの特徴は日本の神々と儒教との合体だった。

吉川《よしかわ》神道の創始者は吉川惟足《きっかわこれたる》という。もとの名は尼崎屋太郎《あまがさきやたろう》といい、江戸の日本橋で魚

吉川惟足

吉田兼倶

屋を営んでいたが、京都で吉田神道の教えを受け、吉川神道をおこしたのだった。のちの会津《あいづ》藩主、保科正之《ほしなまさゆき》に認められて幕府の神道方《しんとうかた》という要職に登用されている。

惟足の説は日本の神々と儒教の合一《ごういつ》だった。彼は君臣の道や徳といった儒教の倫理《りんり》を押し立て、それを日本の神々と結びつけようとした。彼の弟子には保科のほか、紀州徳川《きしゅうとくがわ》家の徳川頼宣《よりのぶ》、加《か》賀《が》藩主の前田綱紀《まえだつなのり》らがおり、彼らが吉川神道を広めている。

伊勢神道から発展したのが江戸中期の「度会神《わたらいしん》道《とう》」である。

その提唱者は外宮《げくう》の神主、度会延佳《わたらいのぶよし》だった。伊勢神道では儒教や仏教は日本の神々に従うとされたが、延佳は日本の神々と儒教を合体させ、儒教でいう君臣、親子、兄弟、朋友《ほうゆう》といった道こそが

保科正之

日本の神々にふさわしい道だと説いたのだった。

それにしても、日本の神々と儒教との関係は不思議である。

聖徳太子《しょうとくたいし》のころ、儒教は仏教の陰に隠れた存在だった。中世以降の貴族社会では貴族や僧侶といった知識人たちの教養を担《にな》っていた。隋《ずい》や唐《とう》から渡来した儒教を学び、それに親しむのが知識人の証明だったのである。そこに宗教の匂いは感じられない。

それなのに、どうして吉田兼倶や吉川惟足は儒教に関心を示したのか？

もともと神々の世界には教義は存在しなかった。それが渡来の神々にも寛容だった理由だったし、逆に、求心力という点では弱点だった。仏教の脇役に甘んじてきたのもそのためだった。そこで神々の側にいた人びとは強力な援軍を探しはじめ、それが君臣の道や徳を説く儒教だった。儒教の論理が日本の神々の世界を補強してくれたのである。

その意味では、儒教は格好の「道具」だったといえるかもしれない。

復権した神々は神話の世界に帰還した

徳川幕府が倒れ、明治維新を境に日本の神々が劇的に復活した。

孝明《こうめい》天皇は幕末から伊勢神宮に勅使《ちょくし》を派遣し、神社の祭祀の復活に力を入れていたが、明治新政府の誕生はその流れを一気に加速させていく。

一八六八年（慶応四）、新政府は天皇を頂点とした祭政一致を宣言し、同時に神仏判然《しんぶつはんぜん》令《れい》を布告したのである。

神仏判然令とは、それまで神と仏が一体化していたのを解消し、神々の世界と仏の世界を分離しようというのだった。それはそれまでの神仏習合の清算を意味していた。

その結果、神社に在籍していた僧侶たちはその身分を失い、神々の前から仏像や仏具がとり払われたのだった。神々の前から仏教的な色彩が追放されたのだ。いわゆる廃仏毀釈《はいぶつきしゃく》である。

とくに京都や奈良や伊勢ではその傾向が強かった。奈良の興福寺《こうふくじ》では僧侶のすべてが春日大社の神官《しんかん》に転じ、寺院は廃墟同然になったといわれている。それまで「熊野権現」と呼ばれていたのが、その名から「権現」がとり除かれたのだった。

それにしても、興福寺の僧侶たちは、昨日までは神々を支配し、政府が変わると還俗《げんぞく》し、翌日から春日大社の神官として神々に仕えている。保身に走ったのである。

そんな光景があちこちでくり広げられたのだった。これには釈迦もアマテラスオオミカミも、暴れ者だったスサノオノミコトも目を剥《む》いたにちがいない。

彼らにとっての信仰とはなんだったのか？

日本の風土がいかに宗教に寛容だったとしても、これでは宗教が単なる飯《めし》の糧《かて》といわれても仕方あるまい。いい加減といえば、これほどいい加減なことはない。

また、廃仏毀釈とともに神主の世襲も廃止される。それまでの神社は世襲によって営々と伝統と行事を引き継いできた。出雲大社の千家《せんけ》、北島家《きたじまけ》は有名だが、ほかにも名古屋の熱田《あつた》神宮の千秋家《せんしゅうけ》、大分の宇佐神宮の到津家《いとうづけ》、宮成家《みやなりけ》などもそうだった。これらの家ではそれぞれの神社から追放され、見知らぬ土地に移っていったのである。その結果、多くの神社に政府からあたらしい神主が送りこまれ、伝統行事が途絶えたといわれる。

さらに、一八七一年（明治四）、新政府はあたらしい神社制度を制定し、神社を「国家の宗祀《そうし》」としている。その上で、アマテラスオオミカミを皇室の先祖とする伊勢神宮を頂点に、全国のあらゆる神社を格付けしたのだった。これを「社格《しゃかく》」という。

日本の神々は国家によって管理されることになったのである。

神々が復活する一方で、日本は西欧の先進国に追いつき追い越すため、ヨーロッパに優秀な若者たちを送り出している。それは幕末からはじまっていたが、明治になると、その傾向はますます強くなっていった。学校でも洋学が脚光を浴びることになった。

神々の復活と洋学とは一見、対立しているし、それらが同居するのは不思議といえば不思議である。しかし、明治の指導者たちにとって、それは当然のことだった。

一八八九年（明治二十二）の大日本帝国憲法では「天皇ハ神聖ニシテ侵スヘカラス」とされ、アマテラスオオミカミが天皇の先祖とされた。天皇を現人神《あらひとがみ》とした新時代がはじまったのである。そんな新時代の急務が近代化であり、近代化のためには欧米のシステムや技術が必要だった。

神々と洋学とは新時代を動かすクルマの両輪だったわけである。

神仏習合の時代、アマテラスオオミカミは大日如来とされ、あたらしい時代には大日如来の衣を脱ぎ、現人神の先祖として異常なまでの脚光を浴びることになった。ヒトの世界にふりまわされたアマテラスオオミカミこそいい迷惑だったにちがいない。

その後、日本が太平洋戦争に敗れると、神々の世界はふたたび激変の時代を迎える。

一九四五年（昭和二十）の十二月、日本を占領したマッカーサー率いるＧＨＱ（連合国軍総司令部）は「神道指令」を発している。それは国家から宗教的な要素を排除するものだった。これによって日本の神々は明治以来の国家管理から離れ、仏教やキリスト教とおなじ立場に立たされる。

イザナギノミコト、イザナミノミコトの夫婦、アマテラスオオミカミ、敗者復活したスサノオノミコトといった日本の神々はふたたび神話の世界に帰っていったのである。

第4章

伊勢神宮と皇室とお伊勢参り

太古の世界を連想させる内宮の神域

伊勢神宮は内宮《ないくう》と呼ばれる「皇大神宮《こうたいじんぐう》」と外宮《げくう》と呼ばれる「豊受大神宮《とようけ》」からなる。この内宮と外宮は「正宮《しょうぐう》」と呼ばれ、伊勢神宮はこれらのふたつの正宮を中心とし、ほかにそれぞれの別宮、摂社、末社、所管社からなっている。由緒正しい神々を祀る別宮だけでも一四社もあり、末端の所管社までをふくめるとゆうに一〇〇社を越している。

伊勢神宮とは、これら神社のすべての総称をいう。正式にはシンプルに「神宮」と呼ばれる。古くは「伊勢大神宮」、あるいは「大神宮」と呼ばれていた。

日本には神宮と呼ばれる神社は少なくない。東京の明治神宮、名古屋の熱田神宮、京都の平安神宮、奈良の橿原《かしはら》神宮、大分の宇佐神宮などがそうだ。いずれも名の知れた神社ばかりだが、「神宮」といえば伊勢神宮をさす。

ここは日本の神々の頂点に君臨する神域なのである。

内宮へは道は宇治橋を渡ることからはじまる。宇治橋の下には内宮のはるか奥、神路山《かみじやま》を源流とする五十鈴《いすず》川がゆらゆらと流れている。覗くと、川底の小石までが見える。その透明感は清流というにふさわしい。かつてこの水辺に立った宮沢賢治《みやざわけんじ》もこう歌っている。

「透明のいみじきたまを身に充てて　五十鈴の川をわたりまつりぬ」と。

宇治橋を渡って右に折れると、ゆったりとした空間に玉砂利の道がつづいている。さらにすすみ、一の鳥居をくぐり、その先を右に折れると御手洗場《みたらしば》である。御手洗場は五十鈴川の川べりがそのまま御手洗になっている。ここははるか昔からお祓いの場だった。参詣する人びとはゆるやかな石畳を降り、清澄な川の水で身を清めたのだろう。

御手洗場の脇から細い道に入ると、そこにはタキマツリノカミ（滝祭神）が棲んでいるという。この神は川の神さまだとされるが、きらびやかな神殿があるわけではない。一角に石がおいてあるだけだ。ここでは「石」が神さまだというわけである。

二の鳥居をすぎると杉木立のなかに神楽殿が見えるが、神楽殿を背に脇道をわけ入っていくと五十鈴川の上流にぶつかり、風日祈宮橋《かぜひのみのみやばし》が対岸とを結んでいる。橋を渡るころ、あたりの音は消え、木々のそよぎだけが聞こえてくる。まさに幽玄の境である。

そのむこうの森には別宮のひとつ、風日祈宮がひそんでいる。この宮には外宮の風宮《かぜのみや》とおなじシナツヒコノミコト（級長津彦命）が祀られている。シ

伊勢神宮の内宮

ナツヒコノミコトはイザナギノミコトとイザナミノミコトの間から生まれ、風の神として知られている。

　ふたたび神楽殿にもどると、近くには殿舎や倉が点在している。

　雨が降ったときに祭事をおこなう五丈殿《ごじょうでん》、酒の神を祀る御酒殿《みさかどの》、御酒殿とならんでユキノミクラノカミ（由貴御倉神）を祀る由貴御《ゆきのみ》倉殿《くらどの》があり、その奥には神々の食事を用意する忌火屋殿《いみびやでん》、古代の住まいを思わせる高床式の御稲御倉《みしねのみくら》も見える。この御倉にはミシネノミクラノカミ（御稲御倉神）が祀られ、内宮の祭りに必要な稲が収蔵されている。

　神楽殿や五丈殿を横目にさらに玉砂利の道をすすむと、樹齢七〇〇年から八〇〇年という杉木立がならび、荘厳《そうごん》な雰囲気を醸《かも》し出し

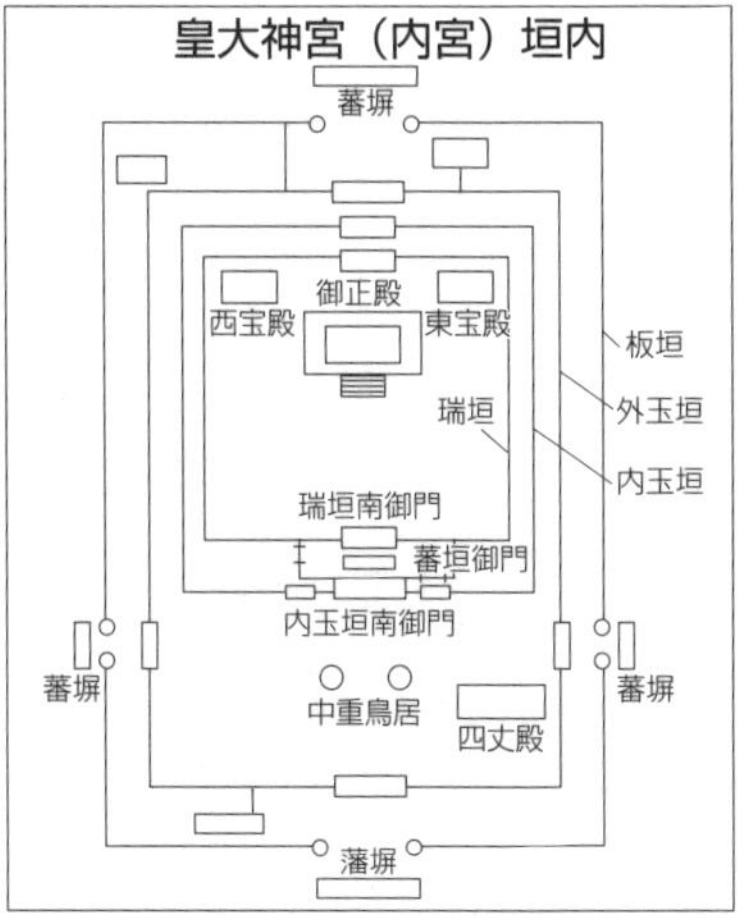

ている。昼でもほとんど陽が差さないし、ひんやりとした空気が肌を刺す。思わず、太古の人間に還ったような気がしてくる。

玉砂利の道が行き止まり、左手の石段を登ると大鳥居がそびえている。大鳥居のむこうには外玉垣の南御門があり、門には御幌《みとばり》が風に吹かれてゆれている。そこから内玉垣や瑞《みず》垣《がき》の南御門を抜けると、正殿が東西の宝殿に挟まれるように建っている。

その正殿の祭神がアマテラスオオミカミなのである。彼女は皇祖先、つまり皇室の祖先とされ、日本の氏神の最高位、総氏神でもある。皇位の継承を象徴する三種の神器のひとつ、八咫鏡もそこに鎮座し、その分身が宮中の賢所《かしこどころ》に祀られている。

ニニギノミコトが高千穂の峰に天孫降臨したとき、彼はアマテラスオオミカミから贈られた八咫鏡を持っていたが、その八咫鏡が目の前の外玉垣《そとたまがき》の南御門の奥の奥に鎮座していると思うと、なんとも不思議な気がしてくる。それが神話の世界だと知っていても、太古を連想させる雰囲気が妙なリアリティーをもって迫ってくるのである。

外宮――神々の料理人だった食物の神が棲む――

外宮の神域はＪＲ参宮線の伊勢市駅から歩いて五、六分のところに広がっている。

かつてそのあたりは「山田《やまだ》の里《さと》」と呼ばれ、内宮のある「宇治《うじ》の里《さと》」とは異なる町だった。お伊勢参りの人たちはまず山田の里の外宮に参り、それから宇治の里の内宮にむかうのがつねだった。旧参道から現在の御幸《みゆき》道路になっても、それは変わらない。

しかし、内宮と外宮の歴史を比べると、内宮の歴史がはるかに古い。

内宮はアマテラスオオミカミが鎮座してからすでに二〇〇〇年以上の歴史をもつが、外宮はそののち、丹波国《たんばのくに》（京都府）の真奈井原《まないはら》から高倉山《たかくらやま》の麓、山田の里に奉遷されたといわれる。それでも、その歴史はすでに一五〇〇年にもなろうとしている。

伊勢神宮外宮

外宮へは砂利を敷きつめた広場から火除橋《ひよけばし》を渡り、杉木立にかこまれた玉砂利の参道をすすむ。左手の手水舎《てみずや》で手を洗い、口をそそいで清めたあと、さらにすすめば一の鳥居、二の鳥居がつづき神楽殿が見えると、すぐそこが外宮の正宮である。五十鈴川と杉の巨木にかこまれた内宮に比べれば、太古の深遠な雰囲気は感じられないだろう。

外玉垣から内側の構造は内宮のそれとほとんど変わらない。変わっているのは、ここの正殿に鎮座している神である。内宮では皇祖先であり、総氏神のアマテラスオオミカミが鎮座していたが、外宮にはトヨウケノオオカミ（豊受大神）が鎮座している。

トヨウケノオオカミは穀物の生育を司るワクムスビノカミ（和久産巣日神）の娘として

生まれている。もともとは食物の神とされたが、山田の里に移ってからはアマテラスオオミカミの大御饌都神《おおみけつかみ》となった。大御饌都神の「大御饌《おおみけ》」は食物のことをいう。いってみれば、彼女はアマテラスオオミカミの食事を世話する料理人だったのである。

それにしても、外宮の発祥の地は丹波国の真奈井原だった。トヨウケノオオカミもその地に棲んでいたはずである。それがどうして高倉山の麓に移ってきたのだろうか?

彼女を山田の里に呼び寄せたのは第二十一代の雄略《ゆうりやく》天皇だとされる。この天皇は允恭《いんぎょう》天皇の第五子にあたり、五世紀の後半に登場した天皇だが、ある夜、天皇の夢枕にアマテラスオオミカミがあらわれ、大御饌都神を身近に呼んで欲しいと告げたというのである。

大御饌都神の仕事は、アマテラスオオミカミの食事を世話をすることだ。しかし、アマテラスオオミカミは宇治の里に、トヨウケノオオカミは丹波国に鎮座している。それではトヨウケノオオカミはアマテラスオオミカミの食事の世話ができないし、アマテラスオオミカミも不便を感じたにちがいない。そこでアマテラスオオミカミは彼女を伊勢の地に呼びたいと考え、ある夜、雄略《ゆうりやく》天皇の夢枕にあらわれたのかもしれない。だとすれば、彼女が丹波国からはるばる山田の里に移ってきたのも納得がいくというものだ。

外宮の正宮の裏手に忌火屋殿《いみびやでん》という殿舎がある。内宮の由貴御倉殿《ゆきのみくらどの》の奥にもおなじ忌火屋殿があったが、これらはいずれも神々の料理をつくるキッチンだった。

料理をつくるにはまず火を必要とするが、それは火鑽臼《ひきりうす》と杵《きね》でおこされる。火鑽臼という檜の板に山枇杷《やまびわ》の木を心棒にした杵を上下に回転させ、火種《ひだね》をおこすのである。その火種は杉の葉に移されて炎となる。古代人はそうやって火をおこしていたし、神宮でもそれが踏襲されているのだろう。神々の世界ではその火を「忌火《いみび》」と呼んでいる。

忌火といえばいかにも忌まわしいイメージを抱くが、事実はそうではない。『広辞苑』には「神に供える物などを煮炊きするための斎《いっ》み清めた火」とある。

もともと「忌」には神事に慎むこと、心身を清浄に保ち慎むという意味がふくまれている。「潔斎《けっさい》」の「斎」とおなじ意味だったのである。しかし、ヒトは高みにいる神々に遠慮して近づかないようになった。そこから「忌」に不吉なイメージが入りこみ、不幸を象徴するようになった。死者のために籠もる「忌中《きちゅう》」がそのいい例である。

しかし、神々の世界では「忌」は神聖で、清浄な意味だった。そして、忌火は清らかな火を意味し、その火を使って神々の食事をつくる殿舎を忌火屋殿と呼んだ。この忌火屋殿の料理長が外宮の大御饌都神、トヨウケノオオカミだったのである。

伊勢の神々の食事は最高の自然食だった

たしかにトヨウケノオオカミは外宮の料理長だったし、アマテラスオオミカミのお抱え料理人だったが、神々への実際の料理をつくるのは外宮の神官たちである。

おこされた火は竈《かまど》に移され、甑《こしき》で米を蒸すことになる。神々が食べるご飯は強飯《こわめし》だからだ。あとはオカズを調理することになる。調理するといっても、野菜を醤油で煮たり、魚を網で焼くわけではない。素材をそのまま土器に盛りつけるのである。

神々の食事のメニューは御飯三盛、御塩《みしお》、御水、カツオ節、魚類、海藻、野菜、果物、それに清酒三献だとされている。このうち、魚類は十月から三月までは生鯛、四月から六月末まではカマスやムツの干物、暑い夏はスルメとなる。野菜はダイコン、ニンジン、ゴボウ、サトイモ、トマトなど四〇種類にのぼり、果物もミカン、桃、柿、梨、スイカ、メロン、イチゴなど約二〇種類で、毎日、どれかの果物が食卓にのぼる。

伊勢神宮ではこれらの食物をほぼ自給自足している。野菜や果物は夫婦岩で知られる二見浦の二見町にある神宮の御園で、米は伊勢市の楠部町《くすべちょう》にある神宮の神田《かんだ》で栽培されている。塩は二見町の松林のなかにある御塩殿で特別につくられている。

神々の水も私たちの水道水や、市販のミネラルウォーターではない。正宮の西の森の奥に上御井《かみみい》神社があり、その水は神代の代からの水だと伝えられている。

ニニギノミコトの天孫降臨の折り、高天原の神は「天忍石の長井《あめのおしいし》の水」を日向の高千穂の井戸に注ぎ、この水ははさらにトヨウケノオオカミがいる丹波国の真奈井原の井戸に移され、トヨウケノオオカミが山田の里に引っ越したとき、高倉山の麓に移されたという。これが上御井神社の井戸の水だというのである。万が一、この水が使用不能なときは土宮の奥にある下御井《しもみい》神社の井戸水が使われる。用意周到なのである。

魚類と海藻は手にあまるが、それでも鯛の干物は愛知県の知多《ちた》半島沖付近にある篠島《しのじま》で特別につくられる。塩で固めて天日乾燥させ、長期に保存できるようになっている。これは「干鯛《ひだい》」と呼ばれ、この製法は平安時代から綿々とつづいている。

神饌の代表格はアワビだが、これは身取鮑《みとりあわび》、玉貫鮑《たまぬきあわび》というアワビをうすく削ぎ、乾燥させて藁《わら》の紐で挟まれている。これをつくるのは鳥羽《とば》市国崎《くにさき》町にある神宮御料鮑調製所《じんぐうごりょうあわびちょうせいしょ》である。酒は酒税法の関係からか、明治以後、兵庫県灘《なだ》の「白鷹《はくたか》」が醸造したものを使っている。

神々たちの食事は質素だが、自然の恵みそのものであり、神々だけのために栽培され、加工されているのである。これほど贅沢な食

忌火屋殿での御火鑽

事はないといえるだろう。

　その神々の食事は日に朝と夕の二回である。神々の世界では食事もまた重要な祭事とされ、「日別朝夕大御饌祭《ひごとあさゆうのおおみけさい》」といい、古くは朝食を「朝御饌《あさみけ》」、夕食を「夕御饌《ゆうみけ》」という。その食事は「ミケ（御饌・御食）」とか「ミニエ（御贄）」と呼ばれているが、伊勢神宮では「おもの」ともいう。「おもの」とは「もの」に尊称をつけたものだ。

　これらの食材の調理が終わると、「おもの」は神官たちの手によってそれぞれの神々ごとに折櫃《おりびつ》に入れられ、まとめて辛櫃《からびつ》に納められる。折櫃は檜などのうす板でつくられ、辛櫃は四本の脚がついた白木造りの櫃をいう。

　神々たちが食事をする時間は朝御饌は午前八時（冬は九時）、夕御饌は午後四時（冬は

神々の御饌の例

生のまま供える
「生饌」と、
加工して供える
「熟饌」がある

五時）と決められている。その時間がやってくると、神官たちは忌火屋殿でお祓いを受けたあと、折櫃の入った辛櫃を担いで神々の食堂にむかうのである。

食堂は正宮の内側に位置し、トヨウケノオオカミが鎮座する正殿の裏手に控えている。神明造《しんめいづく》りの殿舎だが、私たちが外玉垣の外側から眺めても、その屋根がかすかに見えるだけだ。この神々の食堂は御饌殿《みけでん》と呼ばれる。殿舎の南北にはふたつの両開きの扉があり、一面の扉の前に一本の丸太を刻んでつくった刻御階《きざみぎょかい》という階段がある。

殿舎の床は板張りで、そこに六つの神座が用意されている。つまり、この食堂は六人用ということになる。主賓はもちろん内宮からわざわざ足を運ばれたアマテラスオオミカミであり、それを迎えるホスト役は外宮の大御饌都神、トヨウケノオオカミである。

そのほかにそれぞれの神とおなじ正殿に祀られている側近である相殿神、さらに内宮と外宮の別宮の神々たちがひとつの神座にすわる。こうしてアマテラスオオミカミとトヨウケノオオカミ、それぞれの神の相殿神、別宮の神々が一堂に顔をそろえる。神官はまず主賓のアマテラスオオミカミとホスト役のトヨウケノオオカミに「おもの」を捧げ、ほかの神官たちも陪席している神々たちに「おもの」を捧げるのである。

神々への奉仕が終わると、神官たちは御饌殿から退出し、アマテラスオオミカミをかこんで神々の内々の食事がはじまる。トヨウケノオオカミが丹波国の真奈井原から山田の里に移って以来、三六五日、雨の日も風の日も、神官たちは朝夕の食事を用意し、アマテラスオオミカミは身内の神々たちと朝御饌と夕御饌を楽しんでいるのである。

内宮にも忌火屋殿があり、正殿の裏手には御饌殿もある。ただし、この御饌殿は内宮での儀式で神饌を供える殿舎であり、そのための神饌をつくるのが忌火屋殿だ。いってみれば、ここの御饌殿や忌火屋殿はオフィシャルな食堂であり、厨房なのである。

なぜ、アマテラスオオミカミは伊勢の地に

なぜ、アマテラスオオミカミが五十鈴川の上流に鎮座したのか、その理由はいまだに謎とされている。伊勢の地を選んだ神はわかっている。第十一代の垂仁《すいにん》天皇の次女、ヤマトヒメノミコトだ。しかし、なぜ、彼女がこの地を選んだかが不明なのである。

『日本書紀』によれば、アマテラスオオミカミは第十代の崇神《すじん》天皇の皇女、トヨスキイリヒメノミコト（豊鍬入姫命）に託して大和国《やまとのくに》に祀られていたが、垂仁天皇は娘のヤマトヒメノミコトに祀らせようとしたという。

アマテラスオオミカミを託されたヤマトヒメノミコトは思案し、みずから大和国の宇《う》陀《だ》、近江《おうみ》、美濃《みの》を遍歴し、ついに伊勢の地にいたったとされる。『倭姫命世記《やまとひめのみことせいき》』などの記録によれば、ヤマトヒメノミコトは三重の伊賀《いが》にも足を伸ばしたといい、彼女が舟に乗

って伊勢の各地を巡行したとも伝えている。

伊勢に着いたとき、アマテラスオオミカミはヤマトヒメノミコトにいった。「是《こ》の神風の伊勢の国は、常世《とこよ》の浪の重浪《しきなみ》の帰する国なり。傍国《かたくに》の可怜《うま》し国なり。是の国に居《お》らむと欲《おも》ふ」と。伊勢の国は不死の国といわれる「常世」から波が絶えず打ち寄せる国だし、大和のそばの美しい国だから、私はここに住む、そう語ったというのである。

しかし、それは神話にすぎないし、アマテラスオオミカミのひとことですべてが決まったわけではないはずだ。伊勢が選ばれるにはそれなりの理由があったと考えられる。そのひとつが伊勢が伊勢湾に面し、海上交通の要路だったという説である。

その説もはそれなりに筋が通っている。ヤマトタケルノミコト（日本武尊）が東征に旅立つとき、彼はまず伊勢にむかい、伊勢から尾張《おわり》をめざしている。そのとき、伊勢にアマテラスオオミカミが鎮座していれば、なにかと便利だったはずだ。事実、『古事記』によれば、ヤマトタケルノミコトは伊勢にむかうとき、まず内宮に詣でている。

伊勢の地が太陽信仰のさかんな土地だったからだという説もある。アマテラスオオミカミは太陽の神だったし、それが太陽信仰のさかんな伊勢と結びついたのだろう。

神々と「食」を結びつける説も登場している。伊勢湾に面した伊勢は海の幸に恵まれているし、周辺の山々では山の幸も採れるし、田を耕す平野もある。とくに志摩《しま》地方は海の幸の宝庫であり、最高の神饌《しんせん》とされるアワビにはこと欠かない。そんなところから、伊勢の地がアマテラスオオミカミの棲み家に選ばれたというわけである。

いずれの説にもそれなりの根拠がありそうだが、いまだに定説はない。しかし、私の独断でいえば、古代の大和の人びとは伊勢や志摩の豊かな「食」、とくに恵まれた海の幸に魅《ひ》かれ、彼らの祖、アマテラスオオミカミをこの地に祀ったのではないだろうか。

伊勢の神々は毎日、朝と夕、外宮の御饌殿で食事をしていたが、そのメニューは豊富だった。そのメニューを見ると、大根やゴボウといった野菜、柿や桃などの果物、米、酒などはたいていの土地でも用意できるだろう。しかし、内陸の地でつねに魚や塩を求めるのはむずかしく、神饌でも最高のメニューとされたアワビはなおさらだ。

その点、伊勢は海に面し、海の幸に恵まれ、アワビの産地として知られる志摩の海が控えている。大御饌都神、トヨウケノオオカミには絶好の地だったといえる。

さらに、古代の大和に住む人びとにとって、まばゆいばかりに輝く伊勢や志摩の海はあこがれの風景であり、そこの海の幸は羨望の的だったと想像される。大和は低い山々にかこまれた盆地であり、新鮮な海の幸とは無縁だったからである。

内宮の正殿の石段の下に目立たない舎殿がある。参詣する人びとの多くは見過ごしてしまいそうだが、ここは御贄調舎《みにえちょうしゃ》という。志摩地方で採れたアワビを調理し、神饌としてアマテラスオオミカミらの神々たちに献上するところだといわれる。神饌は忌火屋殿でつくられるはずなのに、アワビだけは正殿の前で調理されるのである。

その舎殿を見るたびに、私は山々にかこまれて生きる大和の人びとの海の幸、とくに彼らが羨望したアワビへの執着の心を感じる。そして、その執着の心がヤマトヒメノミコトに伊勢の地を探させたのではなかっただろうか。そう推測するのである。

伊勢の神明造りと稲作の文化

内宮の正殿のとなりには古殿地《こでんち》と呼ばれる空き地がある。

後述する式年遷宮《しきねんせんぐう》では二〇年ごとに内宮、外宮、別宮を問わずにすべての社殿や鳥居などがあらたに造営され、神官の装束なども新調されるが、古殿地とはかつて正殿が建てられていたところをいう。

その古殿地から正殿を眺めると、それは素朴な稲倉を連想させるし、その素朴さが見る者に力強いイメージを与える。厚みのある萱《かや》の屋根はどこまでも重厚であり、屋根の両端から天に突き出した千木《ちぎ》には弾けるような勢いが感じられる。棟持柱《むなもちばしら》は屋根を支えているが、それはどんな力仕事にも耐えられるたくましい腕のようにも見える。

では、先に書いた「千木」とはなんなのか？　『広辞苑』によれば、「社殿の屋上、破《は》風《ふう》の先端が延びて交叉した木。後世、破風と千木とは切り離されて、ただ棟上に取り付けた一種の装飾となる」とある。

たしかに千木は装飾にはちがいないが、それだけでは説明がつかない。なぜなら、正殿の建物はきわめてシンプルな構造であり、可能なかぎり装飾を排除しているように見える。そのなかで、千木が装飾だけに使われたとは思えないからである。

元神社本庁の教学研究室長だった岡田米夫《おかだよねお》氏によれば、『古事記』『日本書紀』には「氷木」「冰椽」「榑風」という言葉が登場し、いずれも「ヒギ」と読ませているが、これがのちに千木に転じたという。

では、「ヒギ」や「チギ」はなにかといえば、「垂木《たるき》」を意味している。垂木とは屋根

神明造の千木《ちぎ》と葛緒木《かつおぎ》

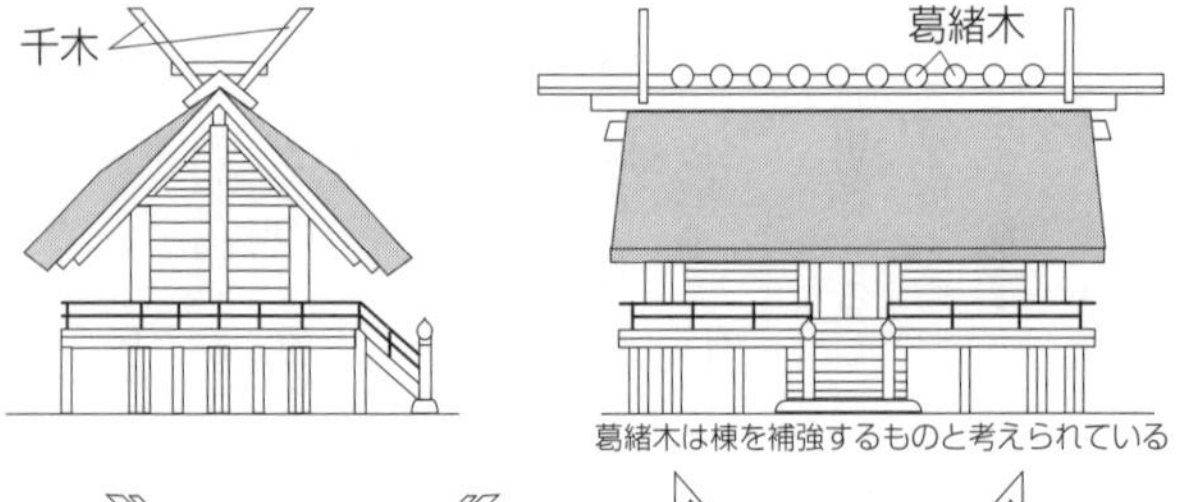

葛緒木は棟を補強するものと考えられている

などを支えるために棟から軒に渡す木をいう。

その垂木が最初にみられるのは日本での原初的な建築様式「天地根元造《てんちこんげんづくり》」だとされている。土の上から二本の垂木を交叉するように伸ばし、交叉した部分に棟木を乗せて屋根を支える。そのとき、垂木は交叉した延長上に突き出ることになる。その突き出た部分こそが千木だといい、伊勢神宮の千木はその形態をそのまま残しているのである。

それはとりもなおさず、伊勢神宮の正殿には日本における原初的な建築様式が残されていることを意味している。そこには農耕の日々を送った古代人の匂いが漂っているともいえるだろう。そもそも、正殿の姿は古代の稲倉を連想させてくれる。

正殿の棟までの高さは一〇メートル余だが、そのうち、地表から床までが二メートル五〇センチはあるという。それはあきらかに高床式であり、その原形は弥生時代の稲倉だとされる。内宮の忌火屋殿のとなりにある御稲御倉にもそれが見られる。それらの素朴な建物を眺めていると、古代人がいかに収穫した稲を大切にしたかが伝わってくる。

その千木は時代の変化とともに本来の意味を失い、装飾のひとつになっていく。出雲大社の千木は棟木の上に置かれ、棟木を支えるという本来の千木の役割を果たしていない。それは建築様式が発達し、千木が装飾としてあつかわれた証左といえるだろう。

伊勢神宮の正殿は「唯一神明造《ゆいいつしんめいづくり》」と呼ばれている。日本では唯一、内宮と外宮の正殿だけで見られるが、それは古代の農耕生活の象徴でもある。アマテラスオオミカミがそこに鎮座し、その神が皇祖先であり、そこに政治的な思惑が隠されていたとしても、建物そのものは古代の生活と人びとの匂いをあるがままに伝えているのである。

ドイツの建築家、ブルーノ・タウト（一八八〇～一九三八）は、

「これらの建造物は實に簡素に見えるので、それに捧げられる尊崇の念が不思議にさへ思われるほどである。それは農家を想起せしむるものがあり、偶々《たまたま》田圃の眞中に藁葺《わらぶ》きの極めて素朴な作事小屋を見ると、伊勢のあの古典的建築が本質的には同じものであるかのやうな印象を受ける。しかし實にこの一事こそがその古典的な偉大さなのである」（森儁郎訳）。彼はその著『ニッポン』でこう書き、さらに筆をすすめている。

「その構造は完全に澄明で曇りなく、外形がそのま、構造であるほどに簡素である。同様に、香り高く美しい檜材、屋根に用ひられてゐる藁、屋上木部の末端にある金冠《きんかん》、そして最後には建造物の土臺《どだい》となってゐる整然たる礎石、これらの材料は飽迄《あくまで》純潔を極め、あらゆる點《てん》で清楚である。木材は油を施されてすらゐない……」（同）

タウトは伊勢神宮の正殿に田んぼの真ん中の藁葺きの農家を見、その清楚さに驚き、感嘆したのである。彼はベルリンで建築家としての名声を高めたが、その地にはルネサンス様式の荘厳《そうごん》な教会、ベルリン大聖堂がある。その内部には聖書のストーリーが豪華なレリ

ーフや絵で描かれている。タウトは大聖堂と正殿との対比に驚いたにちがいない。

正殿にはベルリン大聖堂のような精緻《せいち》な芸術性はない。宗教的なストーリーを語ることもない。しかし、そこには日本人の先祖たちが生きた原初の建物がそのまま残され、先祖たちを祀る行為そのものが宗教だったのだろう。ヨーロッパ人が言葉と論理を通じて人間の根源を知り、葛藤し、それを芸術までに高めたとすれば、私たちの先祖は言葉や論理ではなく、あるがままの形を昇華させて「生」を伝承しようとしたのだろう。

そう考えたとき、ブルーノ・タウトが驚き、感嘆した「清楚さ」はイザナギノミコトにはじまる「禊ぎ」に通じているのかもしれない。私はふとそう考えた。なぜなら、禊ぎは罪や穢れを祓い、魂を無垢《むく》な状態にもどす行為だとされていたからである。

神嘗祭《かんなめさい》と新嘗祭《にいなめさい》は農耕文化の象徴

ブルーノ・タウトは、伊勢神宮の正殿に藁葺《わらぶ》きの農家を見たが、それも当然といえば当然だった。もともと古代の人びとは農耕によって生活をしていたからだ。

『日本書紀』にも「農は天下の大本《おおもと》なり。民の恃《たの》みて以《もっ》て生《い》くる所なり」とある。それだけに神々への祭事もまず農耕に関係するものだった。神嘗祭《かんなめさい》や新嘗祭《にいなめさい》などがそうである。

祭はまず二月十七日の祈念祭《きねんさい》ではじまる。これは「としごいのまつり」ともいわれ、神々に神饌を捧げ、五穀の豊かな実りを祈るのである。これを「大御饌の儀」という。

三月の春分の日には神宮御園《じんぐうみその》（二見町）で野菜や果物などの豊作を祈る「御園祭《みそのさい》」が、四月上旬には神田（伊勢市楠部町）で米の種を蒔く「神田下種祭《しんでんげしゅさい》」がおこなわれる。五月に入ると、おなじく神宮の神田での「御田植祭《みたうえさい》」で豊作を祈るのである。

五月十四日と八月四日には、内宮の風日祈宮では風日祈祭がおこなわれる。

すでに書いたが、風日祈宮は神楽殿を背に脇道をわけ入り、五十鈴川の上流に架かる風日祈宮橋を渡った幽玄の境にあり、風の神、シナツヒコノミコトを祀っている。この別宮での風日祈祭は風雨の災害がなく、五穀が豊かに実ることを祈るのである。

風日祈祭で豊穣を祈り、稲が無事に育ち、収穫を終えると、いよいよ最大の祭り「神嘗祭《かんなめさい》」がやってくる。これは祭りの十月の十五日から二十五日にかけて、前後十一日間にわたり、内宮や外宮のすべての摂社などでもおこなわれる。伊勢の町ではこれを「おおまつり（大祭）」といい、これは各地の神社での秋の大祭に相当している。

神嘗祭はその年の新穀を大御饌としてアマテラスオオミカミに献上し、神に豊穣を奉告し、感謝する祭りである。その日が近づくと、祭主をはじめ、大宮司、少宮司、禰宜《ねぎ》、権《ごん》禰宜《ねぎ》ら、すべての神官は外宮の斎館に籠もり、俗事を離れ、斎火《いつきび》でつくった食事をとり、外宮や内宮の鳥居や御門にはあたらしいサカキ（榊）や御幌がかけられる。両宮の内玉垣には皇居の御田などでつくられた稲の束がかけられる。これを「懸税《かけちから》」という。神嘗祭の当日、外宮の忌火屋殿では新穀を使った神饌が用意され、夕方、懸税の前に神官たちがそろい、祭りに参加する意志があるかどうかを問う「御卜《みうら》」の儀式がおこなわれる。その後、凛《りん》とした空気が漂うなか、午後十時と午前二時の二回、外宮で由貴大御饌祭《ゆきおおみけさい》が厳粛におこなわれ、主だった別宮などに神饌が捧げられる。翌日、勅使による奉幣《ほうへい》があり、外宮での盛大な神楽の儀式をもって終わる。ここでいう「奉幣」の幣とは「幣帛《へいはく》」、別名「みてぐら」とも呼ばれ、神々に献上する品々の総称をいう。

神嘗祭では古代の祭りが神官たちによって再現されるのである。

神嘗祭の次に重要な儀式が十一月二十三日の「新嘗祭《にいなめさい》」だろう。

これは新穀の収穫を神々に感謝する祭りであり、宮中では天皇が新穀を天地神祇《てんちじんぎ》にすすめ、これを親しく食する儀式をいう。このとき、伊勢神宮には勅使が訪れて奉幣の儀がおこなわれ、伊勢神宮ではそれに先立って大御饌祭がおこなわれる。

この儀式は古来からおこなわれ、神々が復活した明治になって法制化されたが、敗戦後は政教の分離によって皇室の私的な行事となっている。ちなみに、新嘗祭がおこなわれる十一月二十三日は現在、勤労感謝の日という祝日になっている。

新嘗祭は毎年、宮中と伊勢神宮でおこなわれるが、あたらしく天皇が即位された最初の年におこなわれる新嘗祭はとくに「大嘗祭《だいじょうさい》」と呼ばれている。

日本人にとって、米は古来からもっとも重要な作物であり、農耕文化、精神文化の中核をなしていた。それだけに米に対する関心は深く、それが神々への祭りという形であらわれたのだろう。伊勢神宮でなくても、村々の小さな社での最大の祭りは収穫祭であり、それは人びとが歓びを爆発させる日だった。その象徴が神嘗祭と新嘗祭なのである。

神々の神威を甦らせる式年遷宮

神嘗祭や新嘗祭のほかにも、伊勢神宮ではさまざまな祭がおこなわれている。すでに書いた神々の食事「日別朝夕大御饌」は千数百年にわたって営々とおこなわれているし、一月一日の新年を祝う「歳旦祭《さいたんさい》」、一月三日の天津日嗣《あまつひつぎ》（皇統）のはじめを祝う「元始祭《げんしさい》」を皮切りに、一月七日の「昭和天皇祭遥拝《ようはい》」、二月十一日の「建国祈念祭」、五月十三日には内宮と別宮の荒祭宮に神々が身につける和妙《にきたえ》と荒妙《あらたえ》という二種の神御衣《かんみそ》を奉献する「神御衣祭《かんみそさい》」など、さまざまな祭りが目白押しである。

そのなかでも大イベントが二〇年ごとにおこなわれる式年遷宮だろう。

式年遷宮《しきねんせんぐう》の「式年」とは一定の年という意味であり、「遷宮」とはあたらしい神殿に神体を移すことをいう。伊勢神宮では二〇年に一度、内宮とは外宮の正殿をはじめ、別宮や摂社などのあらゆる建物、装束、神宝などをつくり直し、あたらしい建物に神々に移ることをいう。いってみれば、二〇年ごとの大規模な神々の引っ越しなのである。

最近では一九九三年（平成五）に第六一回の遷宮が内宮で十月二日、外宮で十月五日におこなわれている。それは八年前の一九八五年（昭和六十）五月の山口祭にはじまっている。これは遷宮の用材を伐る御杣山《みそまやま》の山口に坐す神を祭るもので、伐採や搬出の安全を祈るものだ。以後、一九九三年まで、八年間にわたって三二回もの祭りがくり広げられるのである。

六月には用材を正式に伐りはじめる御杣始祭《みそまはじめさい》があり、一九八六年の春には用材の搬入をはじめる御木曳初式《おきひきはじめしき》がある。御木曳初式は旧神領民がそろいの衣装に身を包み、用材を木遣音頭《きやりおんど》のなかで勇壮に曳《ひ》いていくのである。その後も、一九八九年には架け替えられた宇治橋をはじめて渡る宇治橋渡始式、一九九二年には正殿の御柱を立てる立柱祭《りっちゅうさい》、上棟祭とさまざまな行事が延々とつづき、一九九三年にクライマックスの「遷御《せんぎょ》」を迎える。遷御は神体をあたらしい正殿に遷す祭りである。このとき、天皇の勅使が祭りに参列する。

私自身、第六十回の式年遷宮の折りの御木曳きを見ている。外宮には御木曳車で曳いていき、内宮には五十鈴川を曳くが、そろいの法被《はっぴ》姿で大勢の人びとが巨大な用材を曳くさまは圧巻だった。それは神聖な行事というよりは二〇年に一度の庶民のお祭りといった感じだ。二〇年という時間がさらに彼らの気分を高揚させているように見えた。

遷宮にかかる費用も膨大である。第六一回の場合、総費用は三三〇億円だったといわれる。そのうち、伊勢神宮が二〇〇億円を積み立て、残りの一三〇億円は寄進によったという。それにかかわった人びとも延べ数万人にのぼったにちがいない。

この遷宮は七世紀にはじまる。持統《じとう》天皇の藤原京の時代である。『大神宮諸雑事記《しょぞうじき》』には天武《てんむ》天皇の宣旨《せんじ》が見られ、そこにはこうある。「二所大神宮の御遷宮の事は、廿《にじゅう》年に一度づつ還御せしめ、長例とすべし」と。以来、戦国時代の中断の時期を除き、膨大な費用をかけて一三〇〇年に綿々とわたってつづいている。それはなぜなのだろう?

それにはふたつの理由が考えられる。第一には神殿の傷《いた》みである。

伊勢神宮の神殿の柱はいずれも直接、土のなかに埋められている。そうであれば、柱や神殿そのものの耐用年数もかぎられる。萱葺きも永遠に耐えられるというわけにはいかない。風雨にさらされるからだ。その耐えられる年数が二〇年というわけである。

建て替える副次的な要素としては技術の伝承がある。もしも建て替えなければ、技術は伝承されず、いつしかその技術は歴史のなかに埋もれてしまう。しかし、二〇年ごとに建て替えれば、技術は次の世代に確実に受け継がれる。それはヒトの知恵である。

第二の理由は神々の復活、つまり神威の蘇生ではなかったか。

ヒトは生まれ、やがて死んでいくが、神々は永遠の存在であり、つねに輝いていなければならない。といっても、神々もときに忘れ去られ、輝きを失ってしまう。神威はその効力を徐々に失っていくのだ。それを避けるためにつねにあたらしい神の座がつくられ、遷座していくのである。それが二〇年ごとの遷宮の真の狙いだったのではないか。

支配者にとっても、その権力を裏づける神威の低下は喜ばしい事態ではない。神威の低下は権力の弱体化につながりかねない。それを回避するには神威を高揚しなければならない。その意味では、二〇年ごとの遷宮は好都合だったにちがいない。そのためには膨大な資金も労力も惜しまなかったことだろう。それも遷宮の一面だったのではないか。

絶対的な神々がいれば、その神々を利用するヒトがいたとしても不思議ではない。それは洋の東西を問わないし、ヒトの権力欲は神々をも道具とするのである。

ちなみに、第六二回の式年遷宮は二〇一三年におこなわれ、すでに昨年には山口祭、御杣始祭などが終わり、今年は用材に墨を入れる木造《きづくりはじめさい》始祭が行なわれる。

江戸時代のお伊勢参りと御師《おんし》たち

その昔、庶民が伊勢神宮に参るのは許されていなかった。内宮には天皇の祖先、アマテラスオオミカミが祀られており、天皇の氏神とされたからだ。このため、天皇とその一族にしか参詣を許されなかった。これを「私幣禁断《しへい》」という。しかし、お伊勢参りをする人びとがいなかったわけではない。前出の『大神宮諸雑事記』によると、平安時代中期の九三四年（承平四）に伊勢神宮に参詣した人びとは一〇万人だったとされている。

江戸時代の「お伊勢参り」の賑わい

江戸時代になると、参詣者は爆発的にふえ、明和《めいわ》年間の一七七一年には二〇〇万人、文政《ぶんせい》年間の一八三〇年の閏三月から六月下旬にかけての約四カ月間には四〇〇万人の人びとが伊勢をめざしている。当時の総人口は約三〇〇〇万人と推定されている。四〇〇万人といえばその一三パーセントを超える。現在でも年間に約六〇〇万人が伊勢神宮を訪れるという。

それを考えると、いかに多く

の人びとがお伊勢参りをしたかがわかるだろう。「伊勢へ行きたい、伊勢路が見たい、せめて一生に一度でも……」。これは「伊勢音頭」の一節だが、そこにはお伊勢参りを願望した人びとの気持ちがこめられている。

しかし、お伊勢参りをしたいと思い立っても、伊勢での宿や参拝の手順をＪＴＢに手配してもらうわけにはいかない。江戸時代、旅行会社の役割を担ったのが「御師《おんし》」だった。御師は一般には「おし」というが、伊勢では「おんし」と呼ばれている。といっても、彼らは手配師ではない。彼らは伊勢神宮では五位の位をもつれっきとした神官だった。五位は中国風にいえば「大夫《たゆう》」だが、そのことから御師は大夫とも呼ばれる。

伊勢を訪ねるとき、参詣者たちは参宮街道を通って松阪《まつさか》から伊勢にむかう。伊勢の手前には伊勢湾に注ぐ宮川《みやがわ》があり、この川を渡れば山田の里である。しかし、当時、宮川には橋が架かっておらず、「柳の渡し」や「桜の渡し」から舟で渡るしかなかった。

山田の里の側には茶屋があり、御師は配下の手代を茶屋で待たせ、遠くからやってくる参詣者たちを迎えさせ、手代は彼らを御師の家に案内している。御師の家は参詣者たちが泊まる宿であり、神楽をあげる場所だった。江戸時代、一般の人は神宮の神楽殿で神楽を見ることができなかった。そのため、御師は自分の家で神楽を奏したのである。

神楽のありがたみを存分に堪能したあと、盛大な宴会がはじまる。『お伊勢参り』の著者、西垣晴次《にしがきはるじ》氏はこう書いている。「魚介類を中心とした豪華な料理は、草深い村々から来た人々にとって、恐らく一生に一度のすばらしい料理だったにちがいない」と。

夜が明けると、御師は手代《てだい》とともに彼らを内宮、外宮二見浦などを案内している。それが御師の仕事だった。彼らは神官でありながら旅館の主人であり、ガイド役だったのである。しかし、御師たちは手をこまねいて参詣者たちを待っていたわけではない。

御師たちにはそれぞれに持ち分の村々があった。いわば馴染《なじ》みの地域であり、いま風にいえば営業の担当地域だが、彼らは毎年、持ち分の地域を訪ね歩いている。御師が多忙であれば、代理人の手代が駆けずりまわっている。これは「旦那廻《だんなまわ》り」と呼ばれる。その旦那廻りによってお伊勢参りの人びとを募り、「伊勢講《いせこう》」を組織したのである。そして、各地の村々の人びとは伊勢講ごとにお伊勢参りにやってきたのだった。

旦那廻りをするとき、御師たちは伊勢神

旗を目印にはぐれないようにする伊勢講は、現代のツアーの元祖である

宮の暦などの土産を配っている。この暦は人気だった。というのも、暦には苗の植えつけ時期などを記した農業暦があり、農民にはそれが欠かせなかったからだ。しかし、彼らが損をすることはない。きちんと暦などの代金を受けとっていたのである。そのお金は「御《お》初穂《はつほ》」と呼ばれていた。

江戸の戯作者《げさくしゃ》、井原西鶴《いはらさいかく》は『世間胸算用《せけんむなさんよう》』でその辺の事情を書いている。そこでは九二歳になる老女がいうのである。「毎年、御師から鰹節一連、はらや（白粉）一箱、折り本の暦、本物の青海苔《あおのり》五把《わ》をもらい、これらを値踏みすると二匁《もんめ》八分《ぶ》ほどとなるが、代わりに銀三分の御初穂を差しあげる。差し引き二分余って、お伊勢さまにも損がいかないようにした」と。土産を配っても、御師が懐を痛めることはなかったのである。

明治に入って四年目の一八七一年、御師の制度は廃止されたが、それから八年後の調査によると、内宮の御師は一九〇軒、外宮のそれは四八〇軒を数え、それぞれが抱えていた各地の顧客はあわせて五〇〇万戸を超えていたといわれる。

伊勢の神々と古市の遊女たち

山田の里の外宮と宇治の里にある内宮は御幸道路で結ばれている。その途中、倭姫宮の脇から急な坂道を登ると、かつての街道の面影を残した道に出る。道の両側にはときに黒ずんだ格子戸の家が見える。いまでこそ人影はまばらだが、この道が旧参宮街道であり、格子戸の町は江戸の吉原《よしわら》、京都の島原《しまばら》とならぶ三大遊廓《ゆうかく》のひとつ、古市《ふるいち》である。

お伊勢参りが盛んだったころ、古市には七六軒の妓楼《ぎろう》がひしめき、茶汲《ちゃく》み女と呼ばれた遊女が一〇〇〇人はいたという。いまも旅館として現存する「麻吉《あさきち》」も妓楼だった。

男の参詣者たちは御師の宿で食事を堪能《たんのう》すると、心をときめかして古市に急いだ。彼らはそれまでそれぞれの地で汗水を流して田畑を耕し、質素な暮らしをしてきた。そんな彼らが妓楼で遊女たちと乱痴気騒ぎを楽しんだのである。それは人生でたった一度の解き放たれた時間だったにちがいない。彼らはその遊びを「精進落《しょうじんお》とし」と呼んだ。

とはいっても、古市ではいつも遊女たちが男たちを楽しませてくれるとはかぎらない。

「古市の古き狐《きつね》に騙《だま》されて、一度はきたが、二度はこんこん、思うて来て思わず、去る者はなし、身代《しんだい》滅ぶに、古市の里」。こう詠んだのは武州《ぶしゅう》（埼玉県）の清水源之丞《しみずげんのじょう》だ。彼は古き狐（遊女）の冷たい仕打ちをしきりに嘆いたのである。

源之丞は嘆くだけだったが、ときには思いもしない刃傷沙汰《にんじょうざた》がぼっ発する。

事件はある夜、堅物《かたぶつ》一筋の医者、孫福斎《まごふくいっき》が妓楼「油屋《あぶらや》」に登楼《とうろう》したことからはじまった。二七歳の斎は冷やかな知性を漂わせた陰気な男だったが、彼を座敷に迎えた一六歳の茶汲み女、お紺《こん》は気乗りがしなかった。男は遊び慣れていない風情《ふぜい》だったし、なにを話しても上の空だ。退屈きわまりないし、妙に人を見下しているのも気に食わない。お紺は逃げれるものなら、男を座敷に残して逃げたい思いだった。

隣の座敷では仲のいい茶汲み女、おしかが商人たちを相手に楽しげに遊んでいる。お紺はおしかがうらやましかった。陰気で威張った客にうんざりしていたからだ。そのとき、おしかが誘いの声をかけた。「お紺ちゃん、一緒にこっちの座敷で遊ばない？」。

お紺には渡りに舟だった。彼女は二つ返事でおしかの誘いに乗ったが、おもしろくないのはひとりで残された斎だった。茶汲み女に侮辱《ぶじょく》されたと思ったのである。彼は腸《はらわた》が煮え返るような怒りを抑え切れなかった。憮然《ぶぜん》とした斎は座敷をあとにし、下男下女に悪態をついたが、玄関で預けていた脇差しを受けとるや、いきなり脇差しを抜いて下女のおまんに切りかかったのである。おまんの眉間《みけん》に傷が走り、悲鳴が妓楼にひびいた。

もはや噴《ふ》き出した激情は止めようがなかった。彼の刃《やいば》は下男の宇助《うすけ》の腕に飛び、血飛沫《ちしぶき》が散るや、狂乱状態のままに楼主、油屋清右衛門《あぶらやせいえもん》の母、さきに斬りかかり、階段をかけ登っていった。侮辱したお紺に怒りの一撃を加えねば気がすまなかったのである。

お紺の姿を探しながら、斎は目の前の男たちや茶汲み女たちに斬りかかっていった。断末魔《だんまつま》の叫びが妓楼を切り裂き、あたりは血の海に化してしまった。

このとき、お紺は必死の形相《ぎょうそう》で油屋から逃げおおせている。

古市での男と女の騒動はたちまち世に知れ渡り、一〇日後には松阪の芝居小屋で『伊勢《いせ》音頭菖蒲刀《おんどしょうぶのかたな》』として演じられ、二カ月半後、大坂の芝居小屋で歌舞伎『伊勢音頭恋寝刃《いせおんどこいのねたば》』として上演され、大評判をとっている。

おかげで古市の名は津々浦々に轟いたのだった。伊勢参りの男たちが古市に押し寄せたのはいうまでもない。油屋も大繁昌だったという。

事件後、孫福斎は切腹を命じられ、お紺の行方は杳《よう》として知れなかったという。妓楼、油屋はその姿を残していないが、二人の墓は古市のはずれにある高照山大林寺にひっそりとたたずんでいる。お紺の墓はそののち歌舞伎役者の四代目の板東彦三郎《ばんどうひこさぶろう》が、斎の墓は昭和に入ってから大阪の二代目、實川延若《じつかわえんじゃく》が建立している。

イザナギノミコトは愛する妻のイザナミノミコトを追って黄泉の国を訪ね、醜い姿を見られた妻は夫を殺そうとし、逃げ帰った夫は禊ぎをして妻に許しを乞《こ》うたが、イザナギの左目から誕生したアマテラスオオミカミの足元でとんだ悲喜劇が生まれたのである。

第5章

知っておきたい神々と神社

神宮と神社はどう異なるのか？

神々が棲む神社の頂点にあるのは、アマテラスオオミカミを祀る伊勢神宮だが、「神宮」とつく神社は、北は北海道の北海道神宮から、南は鹿児島の鹿児島神宮まで、あわせて二四宮もある。

その中でも、茨城の鹿島神宮、東京の明治神宮、名古屋の熱田神宮、滋賀の近江神宮、京都の平安神宮、奈良の橿原《かしはら》神宮などは私たちにも馴染《なじ》みが深い。

神宮の名がつけば、いかにも神社の世界の重鎮だといった印象を受ける。京都の賀茂御《み》祖《おや》神社（下鴨）、賀茂別雷《わけいかずち》神社（上賀茂）は伊勢神宮に次いで格式の高い神社だが、平安神宮と比べると、平安神宮の方が歴史も長く、由緒《ゆいしょ》がありそうな神社に聞こえる。おなじ京都の八坂《やさか》神社は祇園祭で知られる大社だが、それも平安神宮の前では分が悪い。

しかし、正式にいえば、「神宮」といえば伊勢神宮のことをさしている。昔は「伊勢大神宮」とか「大神宮」とも呼ばれた。これは前述した通りである。それ以外の神宮は、後年さまざまな理由で神社から神宮に昇格したと考えられる。

事実、平安時代に全国の神社を集大成した『延喜式神名帳《えんぎしきしんめいちょう》』には二八六一の神社が登場するが、神宮を名乗っているのは伊勢神宮、鹿島神宮、それに千葉の香取《かとり》神宮の三宮にすぎない。

では、二二四宮の神宮と一般の神社とではどう異なるのだろうか。

専門家たちは「社（ヤシロ）」と「宮（ミヤ）」の相違から読み解こうとしている。皇學《こうがく》館《かん》大学教授の井後政晏《いじりまさやす》教授によれば、ヤシロは「屋（ヤ）の代（シロ）」であり、神々が訪れる神殿を意味しているという。「代」はすでに書いた依代《よりしろ》の「代」である。

これに対して、ミヤは「屋」に接頭語の「ミ」がついたもので、神がいる御殿を意味すると解釈されている。つまり、神宮と神社を分けるキーワードは御殿であり、御殿のような建物をもつのが神宮、それをもたないのが神社ということになる。そうだとすれば、賀茂御祖神社や八坂神社と平安神宮の相違が理解できるような気がする。平安神宮は賀茂御祖神社や八坂神社にはない壮麗で豪華な神殿を誇っているからである。

しかし、おなじ神宮でもそれぞれがまったくの同格というわけではない。

まず平安時代から神宮を名乗っていた伊勢神宮、鹿島神宮、香取神宮は別格だろう。これらの宮は古代の神話と国造りへの貢献と深く関係している。皇祖先であるアマテラスオオミカミを祭神とする伊勢神宮は別格中の別格としても、鹿島神宮のタケミカヅチノカミ（武甕槌神）と、香取神宮のフツヌシノミコト（経津主命）は、スサノオノミコトによる出雲の国ゆずりの神話で活躍した神々たちだ。その功績が評価されたのである。

この三宮以外は、いずれも明治以降に神宮を名乗っている。それらも古代と神話や皇室と無縁ではない。熱田神宮は三種の神器の草薙剣《くさなぎのつるぎ》を、奈良の石上《いそのかみ》神宮は神武《じんむ》天皇が東征したときの霊剣を祀り、和歌山の日前《ひのくま》神宮と国懸《くにかかす》神宮は紀伊国《きいのくに》の国造りに貢献したし、福井の気比《けひ》神宮は北陸の海上交通の要地にあり、応神《おうじん》天皇とかかわっている。おなじ応神天皇を祀っている大分の宇佐《うさ》神宮は全国に散らばる八幡《はちまん》神社の元締めであり、宮崎の日向《ひゅうが》灘《なだ》に面した洞窟にある鵜戸《うど》神宮、鹿児島の鹿児島神宮は筑紫《つくし》の神話の舞台だった。

明治に入ると神々が復活し、祭政一致《さいせいいっち》の時代がはじまったが、それとともに歴代の天皇を祀る神社が相次いで創建されている。南北朝時代の南朝に君臨した後醍醐《ごだいご》天皇を祀る奈良の吉野《よしの》神宮、神武天皇を祀る橿原神宮、恒武《かんむ》天皇や孝明《こうめい》天皇を祀る平安神宮、天智《てんじ》天皇を祀る近江《おうみ》神宮、明治《めいじ》天皇と昭憲皇太后《しょうけんこうたいごう》を祀る明治神宮がそうである。

それとともに、すでにあった神社で歴代の天皇を祀る神社も神宮となっている。神武天皇などを祀る宮崎《みやざき》神宮（宮崎）、後鳥羽《ごとば》天皇の水無瀬《みなせ》神宮（大阪）、崇徳《すとく》天皇と淳仁《じゅんにん》天皇の白峯《しらみね》神宮（京都）、安徳《あんとく》天皇の赤間《あかま》神宮（山口）がそうである。

戦後はイザナギノミコトが鎮座する兵庫県淡路島の伊弉諾《いざなぎ》神宮、アマテラスオオミカミの子、アメノオシホミミノミコト（天忍穂耳命）を祀る福岡の英彦山《ひこさん》中腹にある英彦山神宮、北海道の守護神を祀る北海道神宮が神宮として名乗りをあげている。

こう見てくると、古代の神話と深くかかわった由緒ある神宮がある一方、明治以降、歴代の天皇を祀る神宮が急増したのがわかる。天皇を祀る神宮の急増は異常ともいえるが、祭政一致の時代に天皇の権威と求心力をさらに高める必要があったのだろう。

八百万の神々にも格式がある

神宮と神社を比較すればたしかに神宮が格上だと思えるし、神宮という言葉を耳にしただけで宏大な神域と壮麗な神殿を連想してしまう。伊勢神宮がそうだったし、東京に住んでいれば明治神宮の杜と神殿を思い浮かべる。しかし、神宮か神社かとは別に、神社の世界には明確な「格」が存在している。すでに書いた神社の「社格《しゃかく》」である。

この神社の社格の歴史は古い。前出の『延喜式神名帳』には二八六一の神社が登場していたが、ここに名を連ねている神社は歴史のある神社ということになり、「式内社《しきないしゃ》」と呼ばれ、それ以外の神社は「式外社《しきがいしゃ》」と呼ばれていた。

私の知人も関西地方で宮司をしているが、彼の名刺の一行目には「延喜式内　○○神社宮司」とあった。それは「自分の神社は平安時代からつづいている由緒ある神社ですよ」という証明なのである。

地方では一宮《いちのみや》、二宮《にのみや》、三宮《さんのみや》、あるいは総社《そうじゃ》という格付けもあった。一宮、二宮というのは当時の国司《こくし》がどの神社から参拝するかを示しており、一宮といえばその地方ではもっとも格の高い神社だった。たとえば上総国《かずさのくに》は玉前《たまさき》神社、甲斐国の一宮は浅間《せんげん》神社、播磨《はりま》国は伊和《いわ》神社、備前《びぜん》国は吉備津彦《きびつひこ》神社、讃岐《さぬき》国は田村《たむら》神社といった風である。それらの神社の所在地には一宮という地名が残り、先にあげた神社の地名はすべて一宮である。

総社はその国の元締めの神社をさし、そこに参拝すれば国中の神社を参拝することになった。それらの神社は一部の例外を除いて総社と呼ばれ、一宮とおなじように総社が土地の名になっている。備前国の総社の所在地は岡山県総社市総社だし、上野国《こうずけのくに》は群馬県前橋市総社町、下野国は栃木県栃木市総社町といった風である。

明治維新後、太政官布告《だじょうかんふこく》によってあらたに社格が定められている。それによると、政府が管轄した神社は官幣《かんぺい》大社を筆頭に、官幣中社、官幣小社に区別されている。敗戦前の一九四五年でみると、明治神宮、熱田《あつた》神宮、橿原《かしはら》神宮などの神宮、東京の日枝《ひえ》神社、埼玉の氷川《ひかわ》神社、京都の賀茂御祖《かもみおや》神社、八坂《やさか》神社、大阪の住吉《すみよし》大社、奈良の大神《おおみわ》神社、出雲《いずも》大社といった有名な神社はすべて官幣大社にあたる。それらの官幣大社とは別格だったのが伊勢神宮、そのなかの皇大神宮と豊受《とようけ》大神宮だった。

官幣中社、官幣小社はそれらより小規模の神社をいい、京都の貴船《きふね》神社、吉田《よしだ》神社、神戸の生田《いくた》神社、和歌山の熊野那智《くまのなち》大社などが官幣中社、東京の大国魂《おおくにたま》神社、沖縄の波上宮《なみのうえぐう》などが官幣小社にあたる。このほか別格《べっかく》官幣社というのがある。これは歴史上の功臣を祭神にしたもので、その第一号が楠木正成《くすのきまさしげ》を祀る神戸の湊川《みなとがわ》神社である。

明治天皇の意志で創設された東京招魂社、現在の靖国神社には幕末の鳥羽・伏見の戦い以後の戦没者が祀られているが、これも湊川神社とおなじ別格官幣社としてあつかわれてきた。国家に尽くした功臣と同格とされたのである。

ちなみに、靖国神社の地方版である各府県の護国神社は一府県に一社と定められた「指定護国神社」の場合、あとで書く府県社とされている。

おなじ政府の管轄でも、地方官が管轄する神社は国幣《こくへい》大社、国幣中社、国幣小社と呼ばれる。官幣大社などが霞が関の担当だとすれば、国幣大社などはさしずめ国の出先機関の担当といったところだ。例大祭《れいたいさい》、新嘗祭《にいなめさい》といった重要な行事では、「官幣」が皇室から供え物が供進《きょうしん》されるのに対し、「国幣」は国庫から供進され、その格差は歴然としていた。

鎌倉宮に残る官幣中社の石碑

国幣大社には三島《みしま》水軍が崇拝した瀬戸内海の大山祇《おおやまずみ》神社（愛媛）、杜に神が棲むという石川県羽咋《はくい》市の気多《けた》大社、国幣中社には鎌倉《かまくら》の鎌倉八幡宮、日光の二荒山《ふたらさん》神社、新潟の弥彦《やひこ》神社、渡来の神を祀る兵庫の出石《いずし》神社などがあり、国幣小社には青森の岩木山《いわきさん》神社、山形の出羽《でわ》神社、埼玉の秩父《ちちぶ》神社、神奈川の箱根《はこね》神社、静岡の伊豆山《いずさん》神社などがある。

国幣の次に位置するのが府県社である。地方公共団体の担当というわけだ。府県社より狭い、ある地域で信奉されていた神社は郷社《ごうしゃ》と呼ばれ、それ以下になると村単位の村社があり、村社にもならない神社は無格社とされた。その村社と無格社、いわば村の鎮守さまは圧倒的な数を誇っている。前者が四万五〇〇〇社弱、後者は六万社弱にのぼる。全体の神社数が十一万弱であり、そのほとんどが村社と無格社だったことになる。

こうした神社界のヒエラルキーには、官尊民卑《かんそんみんぴ》の匂いが強烈に感じとれる。官幣社と無格社の対比がその象徴だろう。それは現在の日本の行政機構にも通じているし、官幣社と村の鎮守さまとの格差は官尊民卑の風潮や叙勲《じょくん》の制度と見事に軌を一にしている。

神々の世界も「神階《しんかい》」次第で出世した

別格の伊勢神宮は除いて、官幣大社は神社にとって最高の地位だったが、官幣大社に選ばれる基準はどうだったのか。中社や小社はどうして大社になれなかったか?

そこで登場するのが「神階《しんかい》」である。「神位《しんい》」ともいわれる。これはかつて朝廷が神々に奉っていた神々の位階のことをいう。平たくいえば神々のランクである。

人の世界の律令制のもとでは諸王《しょおう》や廷臣《ていしん》たちに位階を与えていたし、その最高ランクは「正一位《しょういちい》」と呼ばれていた。以下、正二位、正三位《さんみ》と下がっていくが、それぞれの「正位」の下には「従《じゅう》位」がつく。正一位の下は従一位となり、正二位が次にきて、その下に従二位が控えており、正三位、従三位とつづき、位階はさらに下がっていくのである。

神々の世界にもこの人の世界の位階が応用されたのだった。

たとえば、兵庫県の神戸市には生田神社と長田《ながた》神社があり、いずれも神功皇后の新羅への遠征とは無縁ではなかった。その貢献によって生田神社にワカヒルメノミコト（稚日女命）が、長田神社にはコトシロヌシノミコト（事代主命）が祀られたのである。

生田神社のワカヒルメノミコトについては詳細は不明だが、ヌノシトミトリナルミノカミ（布忍富鳥鳴海神）と結婚し、アメノヒバラオオシナドミノカミ（天日腹大科度美神）を生んだことがわかっている。一方のコトシロヌシノミコトは神話の世界ではその名を知られている。出雲大社の主祭神、オオクニヌシノミコトの息子である。血統でいえば、コトシロヌシノミコトがワカヒルメノミコトをはるかに凌駕《りょうが》している。

八六八年（貞観十）、生田神社のワカヒルメノミコトは朝廷から従三位を得ている。これに対し、長田神社のコトシロヌシノミコトはその九年前の八五九年（貞観元）に従四位《しい》と記録され、その後、どのように「出世」したかはわからない。ただ、明治時代になると、両社はともに官幣小社から官幣中社に昇格している。それから考えると、長田神社のコトシロヌシノミコトが生田神社のワカヒルメノミコトの神階に追いついたのだろう。

奈良の春日大社は藤原氏の氏神として知られるが、そこの祭神は常陸国《ひたちのくに》（茨城県）の鹿島神宮から招かれたタケミカヅチノミコト（武甕槌命）、下総国《しもうさのくに》（千葉県）の香取神宮からやってきたフツヌシノミコト（経津主命）、天の岩屋で祝詞《のりと》を奏上したアメノコヤネノミコト（天児屋根命）、それにヒメノカミ（比売神）の四柱だが、このうち、タケミカヅチノミコトとフツヌシノミコトは最高位の正一位とされ、アメノコヤネノミコトは一ランク下の従一位、ヒメノカミはぐっと下がって正四位の上とされている。

おなじ神殿に祀られていても、それぞれの神階には歴然とした差があるのだ。タケミカヅチノミコトとフツヌシノミコトはそれぞれの神宮の祭神であり、権力者だった藤原氏の氏神だった。だからこそ正一位を獲得し、巫女《みこ》の出身だとされるヒメノカミはどうあがいても正四位の上が限界だったのだろう。神々の位階には神々の出自や、当時の権力構造が如実に反映されるのだろう。静岡県の久能山東照宮《くのうさんとうしょうぐう》もそのいい例である。

周知の通り、久能山東照宮には江戸幕府を開いた徳川家康が祀られている。当然、弱い立場の朝廷は家康を冷遇するわけにはいかない。そこで一六一七年（元和三）、後水尾《ごみずのお》天皇の勅使《ちょくし》、万里小路孝房《までのこうじたかふさ》らが久能山を訪ね、家康に「東照大権現《とうしょうだいごんげん》」の神号《しんごう》を贈り、正一位の神階を授けている。現世の力と名声が、神々の世界でも最高位の神階を獲得したのである。

当然、この神階は神社のランクとその後の繁栄にも影響してくる。官幣大社は正三位以上でなければならず、官幣中社は従四位以上、それ以下の資格しかなければ官幣小社となった。官幣小社以下、とくに村社や無資格社はなにをかいわんやである。神々の世界でも位階次第で偉くもなれば、その逆もあったのである。

ただし、神階は明治に入って廃止され、大社、中社といった社格も敗戦後に廃止されている。現在は特別な神社を「別表神社《べっぴょうじんじゃ》」、それ以外を「諸社《しょしゃ》」としている。

神々の新興勢力——神になった功臣たち——

葵祭《あおいまつり》で知られる京都の賀茂御祖神社は京の都の守護神であり、伊勢神宮に次いで尊崇されてきた。その祭神はカモタケツノミノミコト（賀茂建角身命）とその娘、タマヨリビメノミコト（玉依姫命）だ。神話によれば、神武天皇の東征のとき、熊野から大和への難路を先導したのは八咫烏《やたがらす》とされるが、その八咫烏がカモタケツノミノミコトである。

このように賀茂御祖神社には神話の世界が脈打ち、多くの古くからの神社もそれに似ている。それに比べ、明治以降に創建された神社にはヒトの匂いが漂っている。前述した後醍醐天皇を祀る吉野神宮、神武《じんむ》天皇の橿原神宮、恒武《かんむ》天皇や孝明《こうめい》天皇を祀る平安神宮、天智天皇の近江神宮、明治天皇と昭憲皇太后を祀る明治神宮がそうである。このうち、神話の世界で生きるのは神武天皇だけであり、あとは歴史上に実在した天皇である。

いってみれば、天皇が神々に昇格したわけだが、そこには天皇の権威や、求心力を高める政治的な意図があったにちがいない。維新後、日本が急速に近代化し、ヨーロッパ諸国と肩をならべるには、天皇の権威と求心力が必要とされたからだ。

神々に昇格したのは天皇だけではなかった。天皇に忠誠を尽くした功臣たちも、相次いでヒトから神々に昇っていったのである。その第一号が楠木正成だった。

一三三六年（延元元）の五月、後醍醐天皇は九州から東上する足利尊氏《あしかがたかうじ》らの軍を防ぐため、新田義貞《にったよしさだ》、楠木正成らに出

楠木正成（右）が祀られる
湊川神社（上）

陣を命じている。それは勝ち戦とはほど遠い無謀な企てだったし、正成はそれを天皇に奏している。しかし、天皇は耳を貸さなかった。正成は死を覚悟して出陣し、湊川《みなとがわ》の戦いで弟の正季《まさすえ》とともに壮烈な戦死を遂げたのだった。

明治に入った年、一八六八年（明治元）、明治天皇は正成の忠節を顕彰するために神社の創建を命じている。当初、社名は楠《くすのき》社、または楠中将社と予定されていたが、五年後、神戸市中央区に創建されたおり、湊川神社として誕生している。ここには正成、正季の兄弟、正成の子、正行《まさつら》らも祀られているが、正成はこのときから神々に列せられたのである。

その後、一九二三年（大正十二）には東京の赤坂に乃木《のぎ》神社が創建されている。その祭神はいうまでもなく日露戦争に第三軍の司令官として参加した乃木希典《のぎまれすけ》である。

乃木希典はドイツ留学を経て歩兵第一旅団《りょだん》長として日清戦争に従軍、台湾総督《たいわんそうとく》のちに第三軍の司令官に就任、難攻不落といわれた旅順《りょじゅん》を陥落《かんらく》させている。長男の勝典《かつすけ》、次男の保《やす》典《すけ》は将校として旅順で戦死している。退役後は学習院《がくしゅういん》の院長に就任したが、一九一二年（大正元）九月の明治天皇の大葬《たいそう》の日、自宅の居間で夫人とともに殉死《じゅんし》した。

殉死の翌年、東京市長だった阪谷芳郎《さかたによしお》は乃木を祭神とする神社の創建を決め、一〇年後の一九二三年（大正十二）、乃木が殉死した乃木邸のとなりに乃木神社を創建している。

乃木希典もまた天皇への忠誠ゆえに、神々に列せられたのである。

日露戦争での帝国陸軍の英雄が乃木希典だったすれば、帝国海軍の英雄は東郷平八郎《とうごうへいはちろう》だった。乃木が長州《ちょうしゅう》毛利《もうり》藩の出身だったとすれば、東郷は薩摩《さつま》藩士の四男として生まれている。東郷は旅順攻略の翌年、連合艦隊司令長官として日露戦争に参戦、旗艦・三笠《みかさ》の艦上にZ旗《ゼットき》（皇国の興廃はこの一戦にあり、各員奮励して努力せよと命じる信号旗）を掲げ、巧《たく》みな戦法でロシアのバルチック艦隊を全滅させている。

退役後、東郷は東宮御学問所《とうぐうごがくもんしょ》で皇太子の教育にあたったが、彼の死後、一九四〇年（昭和十五）に東郷元帥記念会が中心になって、東京・渋谷に東郷神社が創建されている。

東郷平八郎もその輝かしい戦歴によって、神々に列せられたのである。

日露戦争は、日本が近代国家になれるかどうかの重要な戦いだった。その戦争に勝利した日本は国際社会にその存在をアピールし、「一等国家」への自信を深め、やがて泥沼の戦争に突入していくが、乃木と東郷はまさにこの時代を象徴する英雄だった。だからこそ、ヒトでありながら神々として称揚《しょうよう》されたのだろう。それは神話の世界に生きたカモタケツノミノミコトではなく、時代が生み出した新興勢力の神々だったのである。

神社本庁と全国八万の神社との関係

明治維新で神々が復活したあと、太平洋戦争に敗れるまで、神社は神祇官《じんぎかん》、教務省、内務省、神祇院と変遷した国家の機関によって統制されてきた。当時の記録によると、全国に点在する神社は、上は神宮から下は村の鎮守さままでふくめて一一万社弱にのぼる。これを単純に四七都道府県で割ると、都道府県あたりほぼ二三三八社となる。

いかに膨大《ぼうだい》な数の神社が日本の津々浦々に存在していたかがわかるだろう。

戦後、神社は国家の統制から離れたため、その正確な数はわからない。ただし、神社のほとんどを束《たば》ねる神社の世界の中央組織、神社本庁によれば約七万九〇〇〇社になるという。本庁の傘下以外の神社もあり、現実はその数をはるかに上まわっている。

むろん、神社の頂点にあるのはアマテラスオオミカミの伊勢神宮だが、これは「本宗《ほんそう》」

神社本庁

とも呼ばれている。神々の世界での総元締めといったところだろうか。ただし、頂点といっても、仏教での総本山のようにあらゆる神社に君臨しているわけではない。神々の世界ではそれぞれが独立し、神社が伊勢神宮を本宗と仰いでいるにすぎない。

また、戦前までの神社は国家の管理下におかれ、それまでの世襲が禁止されたため、神主は公務員となって一枚の辞令で各地の神社に転勤していった。

敗戦後の「神道指令」で神社は国家の統制からはずれ、仏教の寺やキリスト教の教会などとおなじ一宗教法人になった。ここで困ったのは統括する組織を失った神社の世界だった。それでなくても、神道指令で神社は存亡の危機に立たされていた。その上、中心的な組織がなくなれば、将来の見通しは暗い。そこで民間団体だった皇典講究所《こうてんこうきゅうしょ》、大日本神《だいにほんじん》祇会《ぎかい》、神宮奉斎会《じんぐうほうさいかい》の三団体が大同団結し、神社本庁《じんじゃほんちょう》を結成したのである。

この意味では、神社本庁は農家でいえば全国の農協を傘下におく全国農業協同組合（全農）、財界でいえば日本経団連、労働組合なら連合とおなじ組織にあたる。

そんな神社本庁の目的は、「包括下の神社の管理と指導を中心に、伝統を重んじて祭祀の振興や道義の高揚をはかり、祖国日本の繁栄を祈念し、世界の平和を実現する」、ということになる。むろん、神社本庁が民間の宗教団体である以上、それに参加するかどうかも神社の意志次第だし、そんな組織はイヤだと思えば、参加しなくてもいい。

神社本庁のトップは「統理《とうり》」と呼ばれており、現在は旧皇族の久邇邦昭《くにくにあき》氏が就任している。その統理の下には評議員会がおかれ、神社の世界の最高の意志決定機関とされる。日常の業務は理事が担当し、それを事務総局が支えている。ちなみに、事務総局の主要な職員は神主の資格をもち、その待遇は地方公務員にほぼ準じている。

また、神社本庁では傘下の神社のために、年金などの福利厚生の業務を行なっている。その意味では、神社本庁は農協や漁協などとおなじく、神社という職域の中央団体だといえるだろう。神さまの世界もヒトの世界とおなじなのである。

本庁の下部機関として四七都道府県には神社庁がおかれ、神社本庁はそのピラミッドの上に君臨している。それぞれの地方の神社庁は庁舎をもち、祭や神事についての問いあわせにも答えている。ただし、四七の神社庁のほかに別格の組織が存在している。伊勢神宮におかれた神宮司庁《じんぐうしちょう》である。これが神社庁の最上位を占めている。

しかし、神社本庁に絶対的な影響力があるかといえば、そうでもない。

神社が社殿の改築などをするとき、神社本庁はその相談に乗るし、ときに指導力を発揮する。神道の理念からあまりにも逸脱していれば修正させることもある。ただし、強制力はない。そこで本庁と意見が衝突すれば、神社は最終的には脱会するしかない。

現に、わが道を行く神社もある。その代表格が徳川家康を祀る日光東照宮だ。東照宮は全国にも知られた大神社なのだが、いまは神社本庁のメンバーではない。昨年には明治神宮も脱会している。脱会するもしないも、神社の意志次第なのである。

ただし、神社本庁を脱会すればデメリットもある。神社としては支障はないが、神主の資格は神社本庁が認定している。逆にいえば、神社本庁の傘下にある神社は無資格者を神主にすることはできないのだ。たとえば京都の八坂神社が神主を募集するとき、神社側は応募してきた志願者に神社本庁が認定した資格があるかどうかを確認する。

そのため、神社が脱会したとき、そこの神主は神社本庁の資格を失ってしまう。その神社に奉仕している分にはかまわないが、本庁傘下の神社に移るとき、ふたたび資格をとらなければならない。こう考えると、神社本庁の力は絶大だといえるかもしれない。

お札の元祖は伊勢神宮の大麻《たいま》

近くの神社に訪ねれば、社務所や神札所には必ずその神社のお札《ふだ》があり、年末年始には初穂料《はつほ》を払ってそれをもらい、家の神棚に祀ったりする。このお札は神片や木片に神々の名や神々のしるしが文字で描かれているが、正式にはこれを「神符《しんぷ》」と呼んでいる。

その起源はあきらかではないが、平安時代の末期から諸国に出まわった伊勢神宮の「神宮大麻《たいま》」がはじまりだともいわれる。もともと、伊勢神宮は皇祖先を祀り、一般の人びとの祈願や参拝を受けつけなかった。これが前出の「私幣禁断」である。

しかし、庶民のお伊勢参りは平安時代からはじまり、江戸時代には伊勢詣でがピークを迎える。この伊勢参りを手配したのは伊勢神宮の御師《おんし》たちだった。彼らはお伊勢参りの人びとをあつめるために全国を行脚《あんぎゃ》し、伊勢講を組織したが、その行脚のときの土産《みやげ》が暦であり、神宮のお札「御祓《おはらい》大麻」だった。

その御祓大麻が現在のそれぞれの神社のお札の原形だといえるだろう。

もともと大麻という名は神社でお祓いを受けるときに用いられる大麻からきており、これを紙に包んで大祓の詞などを唱えて祈願したのである。その詞をくり返せば清めの力がますと考えられ、「五千度祓」「一万度祓」などの大麻も登場している。

御師たちは御祓大麻を「御祓《はらい》」とか「お祓いさん」と呼んでいる。彼らはそれぞれの持ち分の家々をまわって祈祷《きとう》をしたのち、神宮の大麻を頒布し、お伊勢参りに誘ったのであ

大麻に神璽を押す禰宜

る。そんな御師たちの地道な努力もあって、江戸の中期には神宮の大麻は全国に知られるようになり、総世帯数の九〇パーセントに大麻が届けられたといわれている。

明治に入ると、御師の制度は廃止され、彼らの手で大麻が届けられなくなった。その代わり、伊勢神宮の社務を司る神宮司庁が大麻をつくり、頒布されるようになる。大麻の体裁も一新され、「天照皇大神宮《あまてらすこうたいじんぐう》」という神号に皇大神宮の御璽《ぎょじ》が押されるようになり、名称もそれまでの御祓大麻から現在の「神宮大麻」に変わったのである。

その背景には時代の変化がみられる。明治に入ると神々が復活し、神々の威光が強調されるようになる。もともとの御祓大麻は豊作の祈願といった素朴なものだったが、それがあっけなく否定され、伊勢神宮の公的な側面が強調されている。大麻に書かれた「天照皇大神宮」という神号や皇大神宮の御璽がそれを象徴している。御璽そのものも、皇祖先であるアマテラスオオミカミの神聖かつ崇高なシンボルとされたのである。

神宮大麻のはじまった一八七二年（明治五）の四月一日、内宮では「神宮大麻御璽《ぎょじ》奉《ほう》行式《ぎょうしき》」が仰々《ぎょうぎょう》しく行なわれている。そこでは「天皇の大命によって頒布《はんぷ》する」という祝詞が奏上されている。私的な御祓大麻が国家の意志による神宮大麻に変化したのである。

頒布の方法も御師に代わって各府県の行政機関に委託され、最終的に神職から氏子へと渡されたが、のちに神宮奉斎会などに委託され、さらに各道府県の神職会が頒布するようになった。戦後は神社本庁に委託され、それぞれの神社を通して頒布されている。天皇の大命による頒布、国家の意志による頒布の時代は終わったのである。

現在、神社本庁には本宗奉賛部というセクションがある。本宗とは伊勢神宮のことをさしているが、本宗奉賛部は神宮大麻の頒布を担当している。お札の売れ行きが神宮の財政にひびくのだから、神宮にとっては重要なセクションだといえるだろう。

神殿と鳥居の形は神社によって変わる

神社の神殿（正殿）は一見するとおなじように見えるが、よく見ると微妙に異なっている。鳥居は神社の表の顔であり、神域の内と外との境界の役割を果たし、社殿は神々の住居というわけだが、そこにもそれぞれの顔と住居の形が伝えられている。

鳥居は「鳥井」「鶏居《とりい》」「華居《とりい》」とも書くというが、鳥居がなぜ鳥居と呼ばれるのか、その起源はさだかではない。一説には、鳥居の横木に鶏《にわとり》が止まるからともいう。アマテラスオオミカミが天の岩屋に隠れ、八百万《やおよろず》の神々が鶏を鳴かせたとき、その鶏が止まった木を鳥居と呼んだという説も伝えられている。しかし、その真偽はわからない。

鳥居にはさまざまな形があり、材質も構造も異なっている。

ただし、基本的には鳥居は四本の柱からなっている。二本は左右に立てられ、一本は立てられた柱の上部を貫き、もう一本は立てられた二本柱の上部をおおっている。貫いた柱は「貫《ぬき》」と呼ばれ、二本の柱をおおっている木は「笠木《かさぎ》」と呼ばれている。シンプルといえばシンプルだが、あとはそれらの四本の木がどのような形をしているかである。

伊勢神宮や熱田神宮の鳥居は「神明《しんめい》鳥居」と呼ばれている。これは「貫」が立てられた二本の柱を突き抜けず、「笠木」が一直線になっているのが特徴である。さまざまな鳥居のなかでもっともシンプルであり、このタイプの鳥居が多いとされている。

東京の神田明神などの鳥居は「明神《みょうじん》鳥居」と呼ばれる。これは「貫」が立てられた二本の柱を突き抜け、さらに「笠木」の両端が上むきに反っているのが特徴だ。

さらに、この明神鳥居の「笠木」の上に破風《はふ》がついた鳥居もある。これは「山王《さんおう》鳥居」といい、滋賀の日吉大社などで見られる。このほかあざやかな朱色で塗られた稲荷《いなり》神社の「稲荷《いなり》鳥居」、厳島《いつくしま》神社のように海に鳥居が立つ「四脚《よつあし》鳥居」もある。四脚があれば、京都の木《き》島《しま》坐《にます》天照《あまてらす》御《み》魂《みたま》神社のように三本の柱で立つ「三柱《みはしら》鳥居」というのもある。

鳥居も神社によってさまざまな顔と特徴をもっているのである。

神殿も神社によってさまざまな表情をもっているが、もともとは神社に神殿などは存在しなかった。神々は祭りのときに必要な場所を訪れ、祭りが終わると神々の棲み家に帰っていったのである。

やがて神々は神殿に常住するようになったが、それでも最初は素朴な建物だった。古代の人びとはまず身近にある建物を連想し、それに似た神殿をつくっていった。伊勢神宮にある稲倉が典型的な例だろう。

その神殿の代表的なものは「神明造《しんめいづくり》」と「大社造《たいしゃ》」である。前者はアマテラスオオミカミの伊勢神宮で見られるし、後者はスサノオノミコトの出雲大社が代表している。

両者に共通しているのは「切妻《きりづま》」の屋根である。切妻とは棟を境に屋根が左右に流れているタイプをいい、棟から左右に流れた屋根の部分を「平《ひら》」といい、左右に流れる屋根を真正面から見る部分を「妻」と呼んでいる。つまり、「平」はつねに一面からしか見えないし、「妻《つま》」は屋根が左右に流れているのが見えるというわけである。

神明造の場合、「平」の部分に入り口があり、これを「平入《ひらいり》」と呼んでいる。

伊勢神宮も基本的にはおなじだが、掘立柱《ほったてばしら》を地中に埋め、切妻の平入で萱葺《かやぶ》きという形をとっている。このため、伊勢神宮だけは「唯一神明造《ゆいいつしんめいづくり》」と呼ばれている。この神明造の流れを汲むのが「流れ造《なが》」と「八幡造《はちまん》」である。流造は神明造に加えて参拝者のための廂《ひさし》が一方の平から延び、八幡造は神明造が二棟連続した形になっている。

これに対し、出雲大社の大社造の場合、入り口が「平」ではなく「妻」の方に開かれている。これを「妻入」と呼ぶ。神明造が屋根の面を見ながら家に入る形だとすれば、大社

いろいろな神社の建築様式

八幡造

大社造

神明造

日吉造

住吉造

権現造
（八棟造）

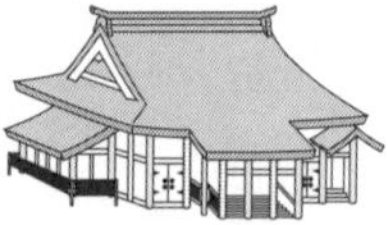
祇園造

大鳥造

流れ造

春日造

いろいろな鳥居の形式

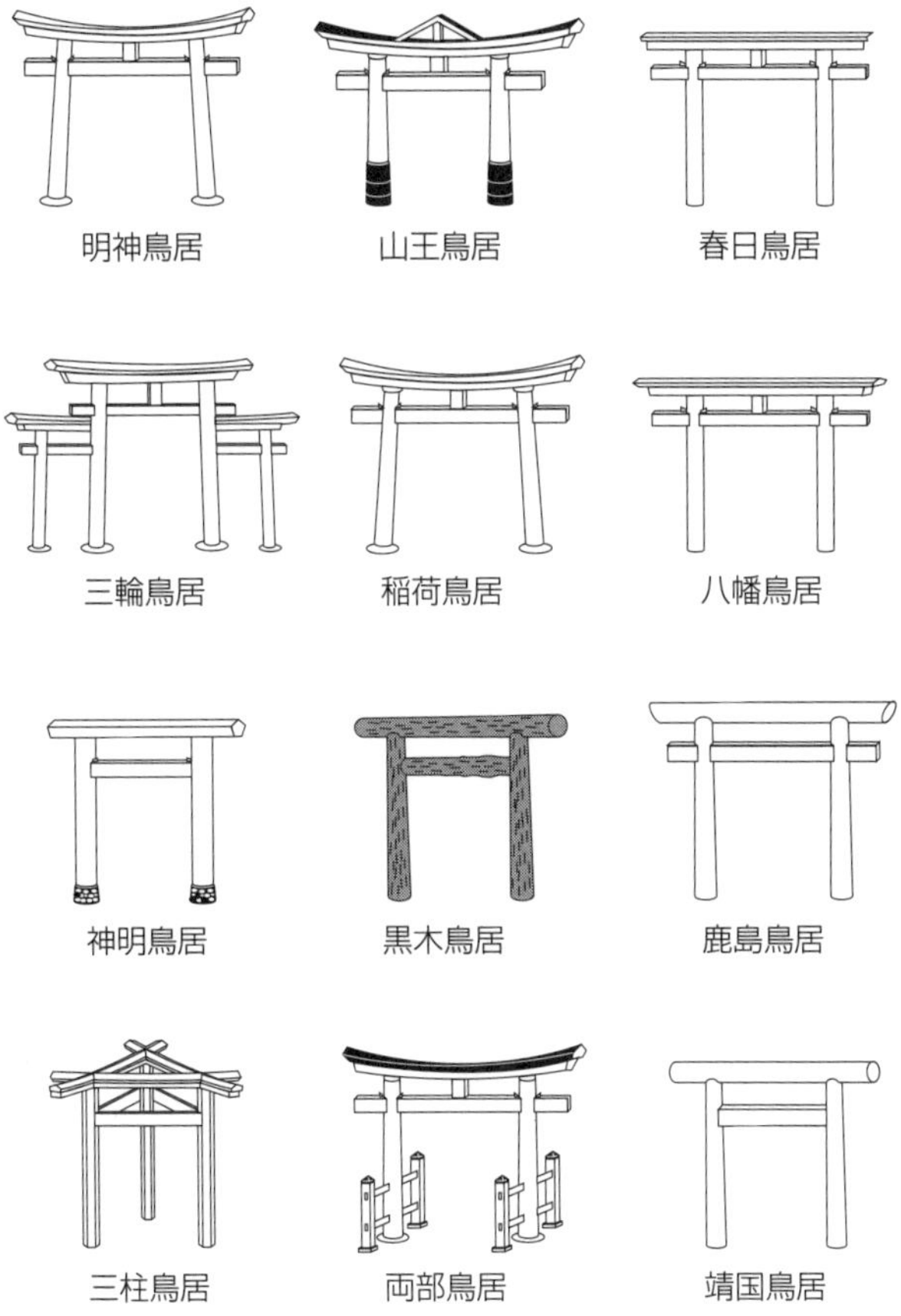
明神鳥居
山王鳥居
春日鳥居
三輪鳥居
稲荷鳥居
八幡鳥居
神明鳥居
黒木鳥居
鹿島鳥居
三柱鳥居
両部鳥居
靖国鳥居

造は玄関に入り口がある。これと似たタイプが大阪の住吉大社の「住吉造《すみよし》」であり、春日大社の「春日造《かすが》」である。春日造には流造とおなじように廂が延びている。

これ以外にも「権現造《ごんげん》」や「相殿造《あいどの》」などがあり、複数の「造」が組みあわされたり、重層したような神殿も生まれている。もともとは神々が宿る素朴な建物だったが、建築技術の進歩が神殿を複雑化し、より壮大な神殿が誕生していったのだろう。その意味では、究極の質素さをいまに残す伊勢神宮の正殿は神殿の極致といえるかもしれない。

神紋《しんもん》——神々もそれぞれの紋章をもっている——

ヒトの世界には家紋があるとは知っていたが、神々の世界にも紋章があるとは知らなかった。しかし、考えてみれば、ヒトはひとりでこの世に誕生したわけではなく、両親がいてその祖先がいて、血のつながった一族がいる。それを私たちは「家」という。

神々も忽然と高天原《たかまがはら》に姿を見せたわけではない。イザナギノミコトとイザナミノミコトからはヒルコノカミをはじめ多くの神々が生まれ、イザナギノミコトの左の目からアマテラスオオミカミが、右の目からツキヨミノミコトが、鼻からスサノオノミコトが誕生している。神々の世界にもれっきとした「家」があり、系図が存在している。

そうであれば、ヒトが家紋をもつように、神々がそれぞれの紋章をもったとしても不思議ではない。この高天原の神々たちの紋章は「神紋《しんもん》」と呼ばれている。

家紋の起源は平安時代にさかのぼり、公家が牛車《ぎっしゃ》に自分の目印をつけたことにはじまり、やがて衣服や旗にもつけられ、家の紋章となっていった。武家社会ではそれが不可欠のものとなっていく。戦地で敵と味方とを区別する目印が必要だったからだ。のち、それらの紋章は子孫に踏襲され、一族を象徴する家紋として定着していったのである。

これに対して、神紋の起源はあきらかではないが、神々の世界がヒトの世界の反映だとすれば、神殿にもヒトとおなじ紋章が必要だと考えたのかもしれない。ましてや、日本列島には八百万の神々が棲み、大小はともかく、数多くの神殿が誕生していった。そうであれば、神々と神社を区別する目印が必要とされても不思議ではないだろう。

ヒトの世界の家紋は動植物や文字などでつくられたが、神々の紋章は祭神にま

神紋

桐

十六葉菊

三つ巴

稲丸

つわる伝承や神社にゆかりの植物、あるいは家紋から転用された紋章が多い。

祭神にまつわる神紋で知られるのは京都の伏見稲荷大社の「稲丸《いねのまる》」である。

稲丸は稲の穂が丸まった形をしているが、その由来は祭神のウガノミタマノミコト（倉稲魂命）によっている。この神さまはスサノオノミコトとカムオオイチヒメノミコト（神大市比売命）との子であり、漢字の名の通りに稲の精霊、穀物の精霊だった。そこで稲丸が神紋となったのである。これは伏見稲荷大社だけでなく、全国各地の稲荷神社の神紋となり、奈良の春日大社、京都の吉田神社でも稲丸の神紋が使われている。

祭神の伝承といえば、福岡の太宰府天満宮《だざいふてんまんぐう》の「梅鉢《うめばち》」もそうである。この神社の祭神はいわずと知れた菅原道真《すがわらのみちざね》だが、道真はことのほか梅の花を愛でたことで有名だ。太宰府天満宮の名物といえば梅ガ枝餅だが、それも道真の梅をイメージしてつくられている。こうして太宰府天満宮では梅の花から発した「梅鉢」が神紋となり、東京の湯島天神、京都の北野天満宮、大阪の大阪天満宮などでも「梅鉢」が神紋として使われている。

神社にゆかりの植物といえば京都の賀茂御祖神社、賀茂別雷神社の「三葉葵《みつばあおい》」が知られている。賀茂といえば京都の三大祭、葵祭が有名だが、その祭りの名は葵の葉を飾って祭りを行なったからだとされる。そこから三葉葵が神紋となったのである。

水戸黄門の印籠ではないが、三葉葵といえば徳川家の専売特許として知られる。それがどうして賀茂の神社で使われているのだろう。実は順序が逆なのである。

徳川氏は三河の賀茂郡に発祥しており、その縁で徳川氏は賀茂の神社の三葉葵を家紋としている。徳川家康の死後、静岡の久能山と栃木の日光に東照宮が創建されたが、それらの東照宮の神紋は三葉葵となった。つまり、まず賀茂の神社の神紋があり、それを徳川氏が家紋とし、その家紋が家康ゆかりの東照宮の神紋となったわけである。

しかし、神紋のなかでも圧倒的に多いのは「三巴《みつどもえ》」だとされている。

三巴の「巴」は、革製の弓具「鞆《とも》」の側面に似ているからとも、その鞆に描かれた渦巻き状の文様を「鞆絵」と称したからともいわれる。巴やその文様の起源はいまだにはっきりしないが、いつしか各地の神社で神紋として登場し、神紋の多数派になっていった。名の知れた神社では、京都の石清水《いわしみず》神社をはじめ、奈良の大神《おおみわ》神社、丹生川上《にうかわかみ》神社、茨城の鹿島《かしま》神宮、福岡の香椎宮《かしいぐう》、大分の宇佐《うさ》神宮などで三巴の神紋が使われている。

しかし、不思議なことに、肝心の伊勢神宮には古来、神紋がなかったのである。それはほかの神社と区別する必要がないほどの高みの存在だったからだろうか。あるいは、神紋で自己主張する必要もないの存在だったのかもしれない。その伊勢神宮に皇室で使われる紋章、「十六葉菊《じゅうろくようぎく》」が導入されたのは神々が復活した明治以後である。

それまで二〇〇〇年近くにわたって神紋が存在しなかったのに、どうして急に「十六葉菊」が使われるようになったのか。そこには神宮と皇室との密接な関係を強調し、天皇の権威を高める狙いがあったとも考えられる。時代が神宮に十六葉菊を求めたのだろう。

神々を護る狛犬《こまいぬ》と神々に奉納される絵馬《えま》

神社にお参りしたとき、私たちは日常とは異なった光景を目にする。神社の入り口や拝殿の前で私たちを迎えてくれる狛犬《こまいぬ》がそうだし、京都の八坂神社に行けばきらびやかな絵《え》馬《ま》が目に飛びこんでくる。初詣で破魔矢《はまや》を授けられたものの、「はて、この破魔矢にはどんな意味がこめられているのだろう」、ふと考えこんでしまうのである。

では、神社で私たちを迎えてくれる狛犬とは、いったい何者なのか？

神社の入口にある狛犬

狛犬は参道などに一対《いっつい》でおかれているが、ときには獅子《しし》の場合もある。狛犬は高麗犬《こまいぬ》を意味し、その名の通り、朝鮮半島の高麗から渡来している。

獅子はインドや中央アジアから、朝鮮半島を経て日本に渡来したと考えられている。獅子は百獣の王であり、その強靭なイメージから魔《ま》除《よ》けに有効だと信じられていたし、高麗犬にも似たような信仰があったとされる。そのため、狛犬も獅子も日本に渡来してからは、神々の世界を邪悪なものから護るという意味がこめられていたのだろう。

ただし、狛犬も獅子も当初は宮中だけにおかれ、宮中の護り神の役割を果たしていた。平安末期になると、それが宮中から神社の拝殿の前や参道におかれるようになった。いまではその意味もうすれ、狛犬や獅子は神社には欠かせない風景になっている。

しかし、狛犬にも歴史があり、重要文化財となった狛犬もいる。東京・府中の大国魂《おおくにたま》神社、福岡の宗像《むなかた》神社の狛犬がそうである。狛犬の研究で知られ、鎮西《ちんぜい》大社諏訪神社名誉宮司の上杉《うえすぎ》千郷《ちさと》氏は、熊野の花《はな》の窟《いわや》神社を訪れたときのことをこう書いている。

「参道を進むと周《まわ》りは急に森厳な雰囲気となり、ささやかな門を兼ねた社務所がある。そこに一対の石造の狛犬が左右、阿吽《あうん》の表情で我々を迎

天皇の玉座近くにも狛犬が置かれている

えてくれた。狛犬は未だ新しい。そんなに時代はない。台座を見ると、『平成二年十月二日、熊野市井戸町　和田益枝』と彫ってある。しかし、古い神社に新しい狛犬があっても何も違和感もない。

もうずっと昔からここにいるというように、あたりの雰囲気に溶け込んでいる。

『先ずお参りしていらっしゃい、先客がいますから邪魔にならないようにね』。狛犬の指示で奥に入る……」（『ＫＵＵＮ』第８号）

その一文からは、上杉氏の狛犬への愛着が伝わってくる。

狛犬の役割が神々を護ることだったとすれば、絵馬は神々に奉納されるものだった。

古代からさまざまなものが神社に献上されていたが、馬もそのひとつだった。

平安時代には天皇が白馬を見る白馬節会《あおうまのせちえ》という行事があり、これには白馬を見ればその年の邪気を祓えるという意味があったという。こうして馬は貴重な動物と見られ、やがて神社にも馬が奉納されるようになり、その後、本物の馬に代わって土でできた馬や木馬、あるいは紙製の馬が奉納されるようになる。その一種が板に描かれた絵馬だったのである。

ただし、絵馬といっても馬の絵だけが描かれていたわけではない。時代が下がると、馬だけでなく、干支《えと》や祭礼の模様、病気の平癒の願いなども書かれ、ときには船や合戦の絵が登場している。時代に応じて人びとの願いが変化していったからだろう。

やがて、有名な神社には数多くの絵馬が奉納されるようになった。そうなると、社殿に飾り切れなくなり、絵馬だけを飾る専用の建物がつくられるようになる。境内に絵馬の専用ギャラリーが出現したのである。それを「絵馬殿《えまでん》」と呼んでいる。京都の八坂《やさか》神社、広島の厳島《いつくしま》神社、香川の金刀比羅《ことひら》宮などには多くの絵馬が奉納されている。

しかし、たかが絵馬だと思ってはいけない。狛犬とおなじように重要文化財となった絵馬もある。京都の賀茂神社の流れを汲む兵庫県揖保《いぼ》郡の賀茂神社には神馬《しんめ》を描いた「神馬図額」が二面あり、これは本殿とともに重要文化財に指定されている。この図額は室町後期の狩野派の大家、狩野元信《かのうもとのぶ》の作で、御者《ぎょしゃ》に牽《ひ》かれた白馬が描かれている。

もともと神社に奉納されていた絵馬は、のち、神社が参詣者に頒布し、これに参詣者が願いを書きこんで奉納するようになった。とくに受験シーズンが近づくと合格祈願の絵馬が数多く奉納されるようになったし、学業の神さま、菅原道真を祀る太宰府天満宮や湯島天神、京都の北野天満宮では受験祈願の絵馬があふれるほどだ。

正月に絵馬とセットにされるのが破魔矢だ。多くの場合、破魔矢にはその年の干支の絵馬がつけられるが、その意味は魔を破り、災いを祓う矢だとされている。もともとは弓と矢がセットにされていたが、それが簡略化されて矢だけになったのである。

神々の世界での神主の序列

神社本庁の傘下にある神社は七万九〇〇〇余だが、そのすべての神社に神主がいるかと思えば、そうではない。現実には神主の数は約二万二〇〇〇人と推定されている。

そのうち、「ひとり神主」、つまり神社の長たる宮司《ぐうじ》だけで神さまを守っている神社は一万一〇〇〇社だとされる。残る六万八〇〇〇社に一万一〇〇〇人の神主がいる勘定になるが、これでは数字があわない。タネを明かせば、残る一万一〇〇〇人の神主は伊勢神宮や明治神宮といった大規模な神社に集中し、大多数の神社にはひとりの神主もいないのである。

二万二〇〇〇人の神主のうち、女性の神主は約二〇〇〇人といわれる。神々の世界では、資格さえあれば女性が拒絶されることはない。しかし、その数は圧倒的に少ない。

女性の神主の装束《しょうぞく》もきちんと決められている。

一般でいう正装にあたる「正服」は頭に釵子《さいし》をつけ、染色と文様がされた唐衣《からぎぬ》、表着《うわぎ》、単《ひとえ》、袴を着る。平服は「常服」と「浄衣《じょうえ》」にわけられ、常服は頭に額当をつけ、染色された表着と袴を着る。正服と常服の袴の色は神主の身分によって異なっている。浄衣は基本的には常服とおなじだが、装束は白地で文様のないものが使われている。

男性の神主の場合、祭祀の種類によって装束も変わってくる。

例祭、新嘗祭などの大祭には正装、元日の歳旦祭や紀元祭などの中祭には礼装、これら以外の小祭には常装と決められている。正装は衣冠に身分に応じた色の袍《ほう》と袴を着用し、礼装では冠はかぶるものの、身分にかかわらず袍も袴も白地であり、常装には「狩衣《かりぎぬ》」と「浄衣」の二種類があり、冠の代わりに烏帽子《えぼし》をかぶることになっている。

履き物は男女とも浅沓《あさぐつ》と呼ばれるもので、その底部は桐でつくられ、ほかの部分は紙を貼りあわせ、それに漆が塗られている。あらゆる祭祀にはこの浅沓が使われる。

身分に応じて色が変わると書いたが、神々の世界では偉くなるほど高貴な色になっていく。ヒンドゥー教や仏教ではウコンで染められた黄色が高貴な色とされるが、日本では紫色が高貴な色とされ、神社のトップ、宮司は紫色の袴を身につけている。そして、身分（職階）が下がるにつれて水色から白へと変化していくのである。

では、神々の世界でのタテの関係はどうなっているのだろう？

神社に奉仕している者は一般に神主と呼ばれる。私たちもそう気軽に呼ぶが、もともとは誰もが神主と呼ばれたのではなかった。神主になるには天皇からの勅許を必要としたのである。この神主が記録に登場するのは『古事記』であり、そこには「オオタタネコノミコト（意富多多泥古命）が神主に任じられた」と記されている。

神主の世界で馴染みの深い役職は「宮司《ぐうじ》」だろう。宮司は誰もが知っているように神社の責任者である。寺でいえば住職にあたる。大きな神社ではこれを補佐する者が必要となり、これを「権宮司《ごんぐうじ》」と呼んでいる。宮司や権宮司を補佐する者は「禰宜《ねぎ》」と呼ばれる。禰宜とは、「祈《ね》ぎ」、つまり「願い」の意味があり、神に祈り願う者が禰宜だとされる。禰宜の下には「権禰宜《ごんねぎ》」がおり、神職の見習いとしての「出仕《しゅっし》」がいる。

一部の神社には「主典《しゅてん》」や「宮掌《くじょう》」といった役職もある。これは戦前の官幣者や国幣者で使われていた役職で、神々に奉仕するという点では変わらない。

ただし、伊勢神宮の場合は一般の神社とは制度が異なっている。

伊勢神宮の頂点に立つの者は「祭主《さいしゅ》」と呼ばれる。これは伊勢神宮にしかない役職であり、一九五二年（昭和二十七）に定められた神宮の規則では、「皇族又は皇族であった者を、勅旨を奉じて定める」とされている。この祭主には皇族か旧皇族しかなれない。現在の祭主は昭和天皇の皇女《こうじょ》、池田厚子《いけだあつこ》さんだ。

祭主を支えるのが大宮司であり、これにも旧皇族か華族の出身者が就任する。現在の大宮司は旧皇族、北白川《きたしらかわ》家の当主、北白川道久《みちひさ》氏である。

大宮司を補佐するのが少宮司であり、一般の神主にとってはトップのポストである。祭主が伊勢神宮の象徴的な存在だとすれば、大宮司は神宮を代表する大臣であり、少宮司は役人を陣頭指揮し、実務の一切をとり仕切る事務次官といったところだろうか。

その少宮司の下に一二人の禰宜たちがいる。その禰宜たちも同列ではなく、きちんと序列が決められている。禰宜の下には二〇人の権禰宜がいて、さらに四〇人の宮掌、定数が未定の数十人の出仕がおり、神職だけでも総勢一〇〇人前後、神宮の事務を担当する神宮司庁の職員、衛士《えじ》、山林を担当する専門家なども加えると六〇〇人の大所帯である。

神主になるための資格と条件

男性が衣冠に袍と袴を、女性があでやかな唐衣に身を包みたいと思っても、誰もが神主になれるわけではない。神々の世界にはそれなりの資格が必要なのである。

その資格は上から「浄階《じょうかい》、明階《めいかい》、正階《せいかい》、権正階《ごんのせいかい》、直階《ちょくかい》」とにわかれている。明階までの資格は神社本庁による試験に合格するか、指定した養成機関で必要な単位を取得し、神務実習を修了すれば得られる。しかし、階位のトップとなる浄階となれば別である。神々の世界での過去の貢献度や実績で判断される。

資格を得る養成機関にはさまざまな形態があるが、その代表的なものが東京の國學院《こくがくいん》大学と伊勢にある皇學館《こうがくかん》大学だろう。これらの大学には神職の養成課程があり、必要な単位を取得すれば上から二番目の明階の資格が与えられる。このため、伊勢神宮や明治神宮といった大規模な神社の神主のほとんどは、この二つの大学の出身者ということになる。ちなみに、明階の資格がなければ、旧官幣社、国幣社、現在の別表神社の宮司にはなれない。

このほか、宮城にある志波彦神社・鹽竈《しおがま》神社の神職養成所、山形の出《で》羽《わ》三山《さんざん》神社の神職養成所、伊勢にある神宮研修所、名古屋の熱田神宮学院、京都の京都国学院、島根県の出雲大社にある大社国学院などでも資格をとれる。しかし、これらの養成所で明階の資格をとることはできない。神々の世界では國學院と皇學館が主流なのである。

國學院は一八八二年（明治十五）に創立された「皇典講究所」をルーツとし、一八九〇年（明治二十三）に國學院となり、大正時代の一九二〇年（大正九）に大学となっている。私立の国学系の教育機関である。

これに対して、皇學館は江戸時代の林崎文

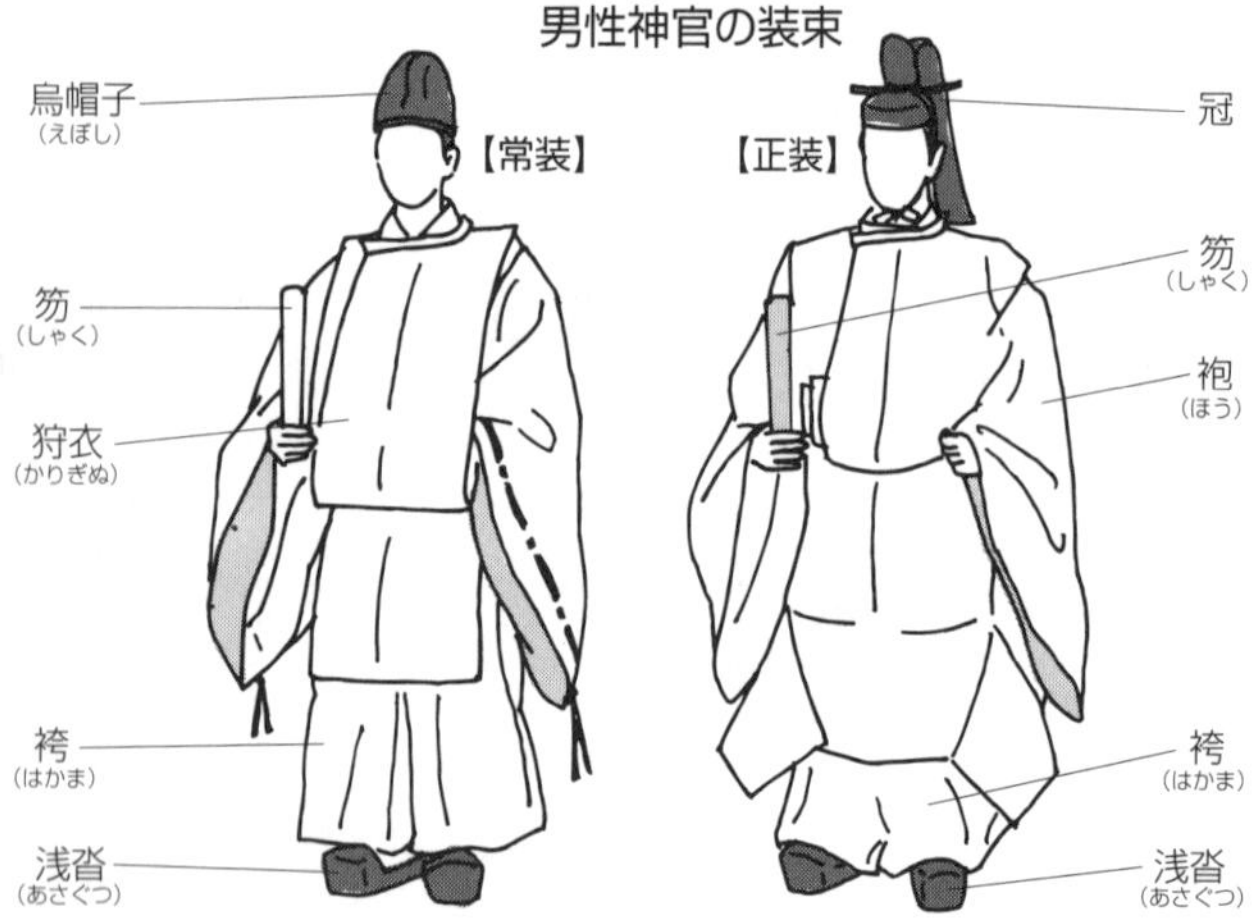

神官の装束（男）

庫をルーツとしている。

一八八二年に伊勢の林崎文庫《はやしざきぶんこ》内に教育機関としての皇學館が創設され、一九〇五年（明治三十八）には内務省所管の官立専門学校となり、一九四〇年（昭和十五）、戦前の国家神道の流れによって官立の神宮皇學館大学に昇格している。

敗戦によって国家神道の時代が終わると、官立の神宮皇學館大学は廃校となった。國學院が国学系の私立として歩んだのに比べ、皇學館は時代や国策によって左右され、大学への昇格、廃校といった波乱の道を歩んでいる。

戦後、皇學館は吉田茂《よしだしげる》や岸信介《きしのぶすけ》ら保守政界人、松下幸之助《まつしたこうのすけ》といった財界人を表に立てて再建をはかり、一九五九年に私立の皇學館大学として再出発している。

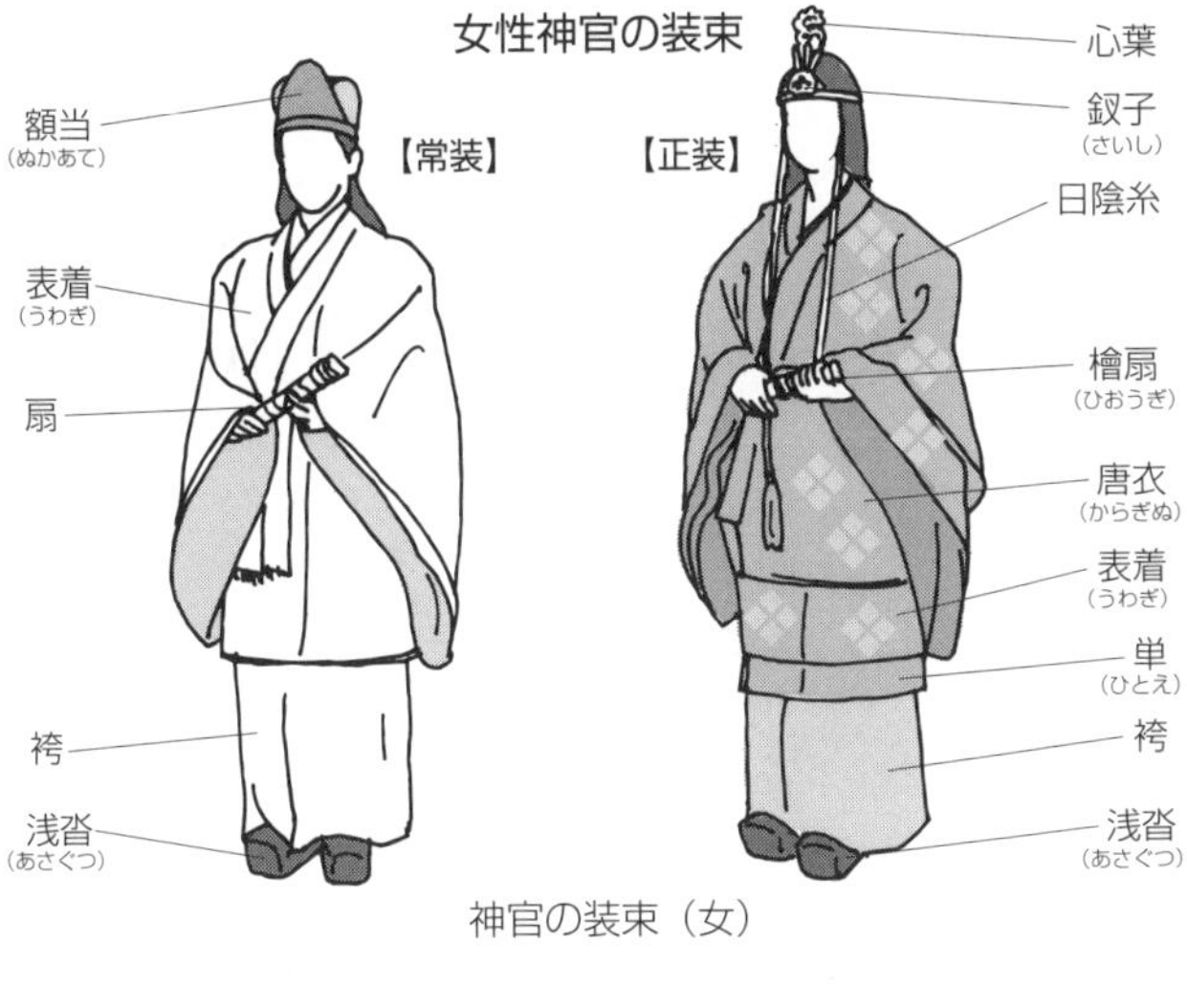

神官の装束（女）

國學院と皇學館にはそれぞれに「院友」「館友」と呼ばれるOB組織があり、なにかと比較される。神主もヒトであるかぎり、それぞれの所属意識が強いのだろう。現実には國學院系の神社で皇學館系は出世しにくいといわれ、逆の場合もしかりである。

各地の神社を見ても、明治神宮をはじめとする関東の神社は圧倒的に國學院系が占め、東京での皇學館系は靖国神社と乃木神社ぐらいのものだ。これに対し、名古屋の熱田神宮や京都の八坂神社では皇學館系が占めている。それでも、総合的には國學院系が強い勢力をもち、神社本庁に在籍する神主も國學院が皇學館を圧倒している。

神主の子弟も当然、國學院か皇學館にすすむが、いまは國學院への志望者が多いとされる。彼らも世間の受験生とおなじように東京志向が強いからだろう。東京の神社の子弟が伊勢に行くのは、どこか都落ちといった感覚になるらしい。

ただし、祖父や親が國學院であれば息子も國學院に、祖父や親が皇學館であれば息子も皇學館にすすむケースも多いといわれ、それがますます同窓の意識を強くするのかもしれない。

逆に、皇學館出身の親が息子を國學院に、その逆もある。そうすれば院友と館友の双方に顔が立つからなのだろう。それは神々の知恵でなく、ヒトの知恵である。

考えてみれば、明治時代の神社改革で神社における世襲は禁止されたはずだった。しかし、現在は世襲される神社も少なくない。世襲しなければ神社の存続が危ぶまれるからだろう。比較的、大きな神社でも世襲される。たとえば、福岡の太宰府天満宮も西高辻《にしたかつじ》家が世襲している。ここではサラリーマン神主は決して宮司にはなれない。

血が決定的にモノをいう神社もある。出雲大社と奈良の春日大社がそうだ。

かつて出雲の国を支配した豪族は「出雲国造《いづものくにのみやつこ》」と呼ばれ、大化の改新後、この出雲国造が出雲大社の神官を世襲してきた。のち、国造は千家《せんけ》と北島《きたじま》家とにわかれ、両家が交互に神社のトップに就任している。最近ではその慣習が変則的になり、千家による独占がつづいている。いずれにしても、両家の出身者以外は宮司には就任できない。

春日大社は七一〇年（和銅三）、平城遷都のときに藤原《ふじわらの》不比等《ふひと》によって創建され、以来、藤原氏一族の氏神さまとして今日までいたっている。そのため、その宮司になれるのは藤原氏の血を継ぐ者にかぎられる。先代の宮司、花山院親忠《かざんいんちかただ》氏は私の高校時代、母校の佐賀《さが》西《にし》高で国語の教師をしていたし、のちに別の高校の校長から宮司に招かれたが、もとは國學院出身の花山院侯爵家《こうしゃくけ》の当主だった。

現在の葉《は》室頼昭《むろよりあき》氏は、形成外科医から宮司に招聘《しょうへい》されている。二人とも戦前までは華族であり、れっきとした藤原氏の末裔《まつえい》である。

巫女と伊勢の斎王の世界

古来、女性は霊的な能力がそなわっていると信じられてきた。その能力を発揮してきたのが東北地方の「イタコ」や沖縄の「ノロ」などだ。彼女らは神霊や死霊の憑依《ひょうい》を受け、その意思を人びとに伝えてきたのである。世界各地でみられる宗教的な職能者（シャーマン）もイタコやノロの世界に通じているし、いまだに信仰の世界に生きている。

白の上衣に緋《ひ》の袴をはいた巫女《みこ》もかつては霊的な能力をもつ女性たちだった。事実、東北地方のイタコや沖縄のノロは「口寄せ巫女」と呼ばれる。巫女はかつては「神子」とも書かれ、「イチ」または「カンナギ」とも読まれたともいう。このうち、「カンナギ」は「神招き」からくるとされ、神の意思を呼び寄せる仕事を担っていたのである。

巫女が舞うのは「巫女舞《まい》」と呼ばれる。この舞いは神霊を招き、神々を呼び寄せて神の意思を演じるという呪術的な要素が強かったという。そこにも巫女がもつ独特の世界がみられる。この巫女舞はそののち、災いを除き、福を招き、神々の怒りを鎮めたりする舞いに変化していく。いまの神社などで巫女たちが舞うのがそれである。

しかし、いま、神社で見かける巫女には霊的な能力は求められていない。彼女らは神社で神事に奉仕するのが仕事であり、「神社巫女」とも呼ばれる。一般には巫女は穢れのない身体の持ち主、処女でなければなさないと風説されているが、いま、それが厳格に求められるわけでもなく、処女かどうかを確認するのは人権問題になりかねない。

この巫女に似た存在が伊勢の「斎王《さいおう》」である。

伊勢神宮のアマテラスオオミカミは天皇の祖先とされ、かつて天皇はアマテラスオオミカミの御心を受けて統治されると信じられていた。となると、天皇は伊勢に在してアマテラスオオミカミに奉仕しなければならないが、現実にはそうはいかない。

そこで天皇の皇女や女王を伊勢に送り、彼女がアマテラスオオミカミの御心を伝える存在になった。その女性を斎王と呼んだ。斎王は天皇が即位したときに未婚の処女から選ばれ、その生涯を独身のままにアマテラスオオミカミに奉仕したのである。その役目が終わるのは天皇が崩御《ほうぎょ》したときにかぎられた。彼女は伊勢神宮に近い斎宮村に住み、その館は斎宮と呼ばれた。斎宮は「サイクウ」とも「イツキノミヤ」とも読む。

斎王の初代は崇神《すじん》天皇の皇女、トヨスキイリヒメであり、内宮である皇大神宮を五十鈴川の上流に選んだとされるヤマトヒメノミコトとされる。神話のなかの神々から斎王ははじまったのである。

しかし、この斎王もやがて廃止になり、後醍醐天皇の皇女が最後の斎王となっている。

現在も斎王の役職はなく、祭主がその役割を代行している。

斎王が神宮に出かけるとき、彼女は途中の離宮院《りきゅういん》に泊まって禊《みそ》ぎと祓《はら》いをすませ、翌日に外宮、内宮へとむかい、アマテラスオオミカミに奉仕したのだった。ちなみに、斎宮には斎王が住む内院、斎王を補佐する役人たちの事務所である中院、それに斎王の食事などを用意する人たちの外院からなり、その遺構がいまも残されている。

斎王は伊勢だけではなく、京都の賀茂御祖神社（下鴨）と賀茂別雷神社（上賀茂）にもおかれ、それを「斎院」と呼ぶ。斎院も斎王とおなじく「イツキノミヤ」と呼ばれ、別名を「紫野院《むらさきのいん》」ともいわれていた。その場所が京都の紫野《むらさきの》にあったからである。

斎院の仕事は斎王とほぼおなじであり、八一〇年（弘仁元）に嵯峨《さが》天皇の皇女、有智内親王《うちないしんのう》がはじめてのの斎院となり、後鳥羽《ごとば》天皇の皇女、礼子《れいこ》内親王で途絶えている。

悪戦苦闘する平成の神社事情

神々の懐《ふところ》勘定《かんじょう》をするのは下司《げす》だといわれるかもしれないが、神社にとっては正月三カ日の天気の具合が収入を大きく左右しかねない。たとえば東京の明治神宮には三〇〇万人をゆうに超す参詣者が訪れるし、その人びとが落とす賽銭《さいせん》の額は膨大な数字になる。もしも雨で参詣者が大きく落ちこめば、それだけ収入が減ってしまうのである。

景気の行方も収入にひびいてくる。景気のいい時代には賽銭函に一万円札が乱舞していたのが、悪くなれば、一万円札が一〇〇〇円札となり、それだけ賽銭の実入りが減ってしまうからだ。神々の懐具合も世の中の景気とは無縁ではないのである。

地方の中規模な神社の場合、収入は正月の賽銭、日常的なお守りやお札の販売、家などを建てるときの地鎮祭、毎年の大祭、などにわけられるという。

正月の賽銭はすでに書いた通りだが、お守りやお札の販売はいつも売れるとはかぎらない。その点では、地鎮祭は神社の隠れた収入源とされている。これは前述の通り、工事の無事と建てたあとの平穏を祈るわけだが、これも景気に左右される。景気が悪ければビルや家の建築数は少なくなるし、その謝礼も渋くなってしまうからである。

神社の大祭などでは神社にまとまった寄進があつまるとされる。祭りの規模が大きければなおさらである。ただし、その収入はほとんどが祭りに使われ、神社にはほとんど残らないといわれる。神さまも氏子の大事なお金をいただくわけにはいかないのである。

有名な神社の多くは結婚式場を経営したりしている。すでに書いた通り、その神前結婚式の第一号は東京・飯田橋の東京大神宮だったが、神社には結婚式のための会館が附属されている。東京でいえば、東郷神社の東郷会館、乃木神社の乃木会館などがそうだ。しかし、結婚式場の業界もいまは飽和状態だとされている。しかも、少子化の影響で競争はますます激しくなり、神社の結婚式場はどこも苦しいといわれている。

日光の東照宮や京都の平安神宮など、有名な観光地の神社であれば、観光客がお金を落としてくれるが、そんな神社はかぎられている。地方の名門の神社であっても、その内実は火の車なのである。かつては立志伝中のオーナー社長らがポンとまとまった大金を寄進したりしたが、そんな太っ腹の人たちもめっきり減ってしまったのである。

なかには「資産」に恵まれた神社もある。東京の明治神宮である。

明治神宮は代々木公園にも近い都心に広大な土地を所有しているが、そこには神宮外苑がふくまれ、神宮球場や絵画館などがある。これらの施設はいずれも明治神宮の傘下にあり、その収入は事業収入として明治神宮の懐をうるおすことになる。神社に付属している結婚式場とおなじ扱いなのである。

しかし、それは例外中の例外であり、多くの神社が悩みを抱えている。

神社にとって最大の悩みのタネは、神社を支える氏子の減少だろう。地方ではまだ地元の有力者たちが氏子として支えているが、都会では神社への関心がうすく、氏子の制度は崩壊寸前といえる。これでは神々の世界でも後継者不足に直面することになる。

小規模な神社ではおおむね世襲で宮司を継いでいくが、息子がすぐに跡を継いでいくわけではない。父親と息子のそれぞれの家族が生活するのはむずかしいからだ。そこで宮司の息子は大きな神社に奉職してサラリーマン神主になったりする。息子は修行をかねて他人の飯を食うわけである。その後、時機を見て父親の跡を継ぐことになる。

なかには宮司の息子は大きな神社でのサラリーマン神主になり、宮司の孫が実家に残って宮司の修行をするケースもある。若い孫は結婚しても生活費は少なくてすむし、祖父の宮司のもとで神社に伝わる伝統も守られる。一石二鳥というわけだろう。

最近ではユニークな神社も登場している。たとえば三重県鈴鹿《すずか》市にある椿大神社《つばきおおかみのやしろ》は伊勢国《いせのくに》一宮で知られる神社だが、そこではさまざまな活動が行なわれている。

神道を体験する「みそぎ特別研修会」をはじめ、夏期大学や短歌の会、写真コンテストなどを主催している。さらにリゾートホテルなみの宿泊施設を経営し、近くのゴルフ場とタイアップして「ゴルフパック」を売り出している。インターネットのホームページで宿泊やパックを受け付けているし、東京にも事務所をかまえているほどだ。

ホームページはいまや神社の常識だ。どこにどんな神社があり、そこの神々のご利益から交通のアクセスまで、すべてはインターネットでわかる。インターネットでお参りするわけにはいかないが、日本の神々も情報化社会で生き残るのに懸命なのである。

神棚と拝礼――家での祀り方と参拝の方法――

私の九州の実家には神棚と仏壇があった。宗教に関心がなかったころ、私はそれを不思議とは思わなかったが、母親は朝にはいつも神棚と仏壇にご飯を供えていた。彼女にこと

神棚のお供え

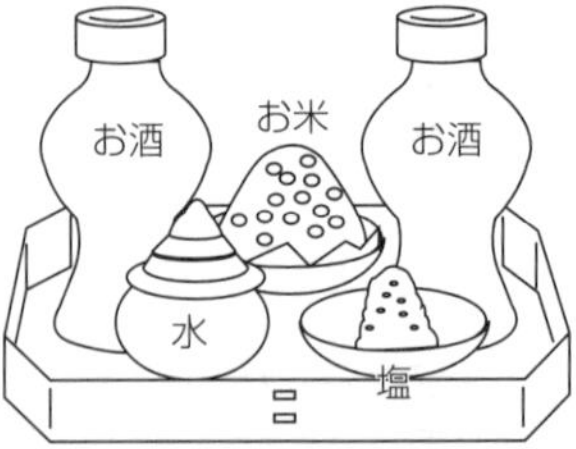

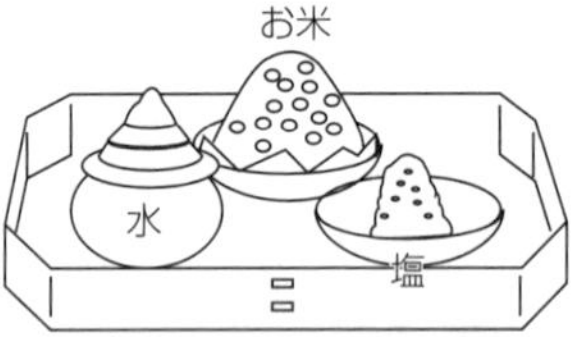

さら信仰心があったとは思えないが、それが日常的な習慣だったのである。

その神棚がどの方角にあったかは記憶にないし、関心もなかった。しかし、日本の神々の世界にも吉の方角があると知らされた。一般的には東向きか南向きがいいとされる。東向きは太陽が昇る方向であり、南向きは陽光が降りそそぐからからだという。

事実、神社でも東向きや南向きに建てられている例が多いという。ただし、西向きや北向きが絶対にいけないというわけではなさそうだ。神社でも土地の関係で西向きや北向きに建てられた例はあるという。神々の世界では絶対的な方角というのはないのである。いい加減といえばいい加減だが、それも日本の神々の寛容さなのかもしれない。

神棚は別名「宮形《みやがた》」ともいうが、そこには神社からいただいたお札を納めておくのが一般的だ。私の実家もそうだったたし、それは扉がひとつの神棚だった。いま、考えると、それは伊勢神宮の多くの社殿を思いおこさせる。それもそのはず、一般的な神棚は伊勢神宮の神明造をしており、ひとつの扉のものは「一社造《いっしゃづくり》」と呼ばれている。この場合、手前から伊勢神宮の神宮大麻、氏神のお札、崇敬神社のお札を納めるのが決まりとされる。

一社造に対して、扉が三つある神棚もある。これは「三社《さんしゃ》造」と呼ばれる。一社造に比べて豪華な感じがするが、この場合、正面の扉に神宮大麻、むかって右に氏神のお札、左に崇敬神社のお札を納める。ここでいう氏神はその土地の守り神であり、崇敬神社とはその土地とは関係なく、そのヒトが崇敬している神社のことをさしている。

神棚のまつり方

お神札のまつり方

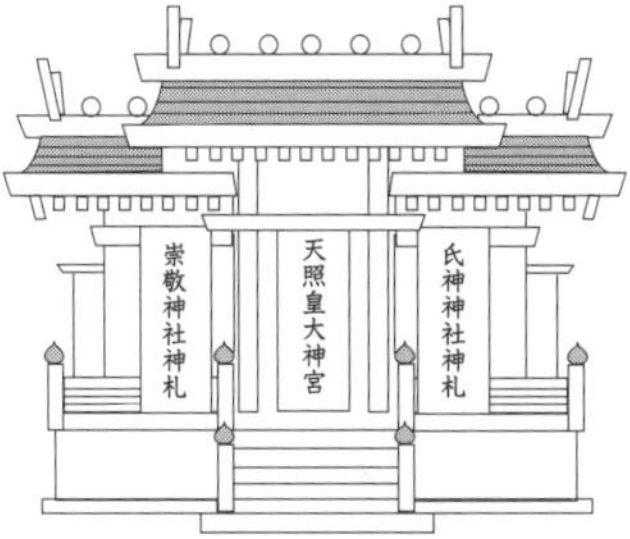

三社造りの場合

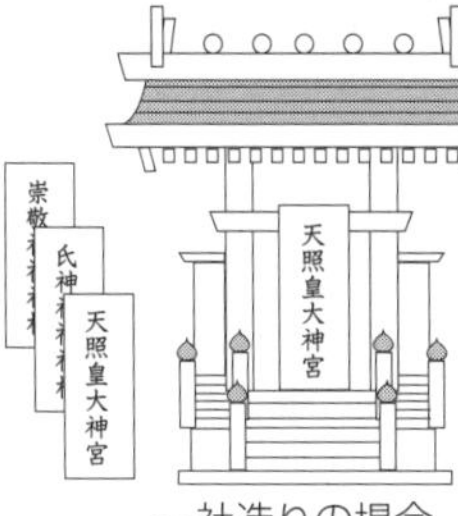

一社造りの場合

伊勢神宮の章でも書いたが、日本の神々は「食」が旺盛である。神饌《しんせん》といわれるのがそれだが、家庭にいる神々にもまた食事を供えなければならない。そこで神棚には米や酒のほか、塩と水を供えることになる。米や塩は平瓮《ひらか》、水は水器、酒は瓶子《へいし》といわれる白い陶器の器が用いられる。魚や乾し物、果物などの場合も平瓮が使われる。

それらを供えるときはまず神前に近い中央に米が供えられる。古来、日本では中央を意味する正中が重要視されてきたからだ。その米の左右の手前に酒、さらにその手前に水と塩を供える。酒を供えないときは中央に米、その手前に水と塩ということになる。

このほか、正式には、神棚の脇にはサカキ（榊）を飾る白い陶器の榊立てがあり、ロウソクなどによる神灯も用意される。私の実家の場合、たしかに祭りのときには榊立てにサカキが飾られていた記憶がある。このサカキについてはすでに述べたが、サカキは門松に飾る松とおなじく、日本の神々の世界では神木とされているからである。

さて、神社に参拝するときはどうすればいいのか。伊勢に住むまで、私は正式な作法など知るはずもなかったが、参拝の中心はやはり二拝二拍手一拝《にはいにはくしゅいっぱい》だろう。

まず、参道ではその中心を歩かないことだとされている。というのも、参道の正中、つまり真ん中は神々が通る道だからである。参道から手水舎で手を清め、いざ拝殿にむかうとき、どう参拝していいのか戸惑ってしまうだろう。最初に心ばかりの賽銭を投げ、鈴を

参拝の方法
③ 腰を曲げ、一拝する
② 胸の前で二回手を打つ
① 腰を曲げ、二拝する

鳴らし、それから拝礼となるが、その作法が二拝二拍手一拝というわけである。

直立の姿勢から腰を直角に曲げて頭を下げ、これを二回くり返す。これが「二拝」である。次に二回柏手《かしわで》を胸の高さで打ち（二拍手）、胸の高さで両手をあわせて祈り、最後にふたたび頭を下げる。このときは一回である。これを「一拝」という。

そのほかにもさまざまな拝礼の仕方があるが、一般には二拝二拍手一拝を知っていれば十分だろう。大切なのは問題は「形」でなく、それぞれの思いだからである。

第6章

日本を代表する神社とその神々

出雲大社——神々がつどう神話のふるさと——

出雲大社の主祭神はオオクニヌシノミコト（大国主命）である。

神話によれば、天孫降臨に前、オオクニヌシノミコトは高天原のアマテラスオオミカミの求めに応じて国をゆずり、みずからは出雲の大社に隠棲し、オオクニヌシノミコトのために神殿が建てられたとされる。

その神殿は『古事記』によれば「天之御舎《あめのみあらか》」と、『日本書紀』では「天日隅宮《あめのすみひのみや》」と呼ばれている。そこでオオクニヌシノミコトを祀ったのがアマテラスオオミカミの第二子、アマノホヒノミコト（天穂日命）だとされる。そのオオクニヌシノミコトにはスサノオノミコトの血が流れていたとは前述の通りである。

ここには神話のスターたちが一堂に顔を見せている。天孫降臨を命じたアマテラスオオミカミ、姉のアマテラスオオミカミに反抗して高天原を追放され、出雲の地で豊葦原《とよあしはら》を築いたスサノオノミコト、それに仏教の守護神だった大黒天《だいこくてん》と結びつき、福の神の象徴的な存在にまでなったオオクニヌシノミコトである。そんなスターたちの顔見せは天孫降臨の高千穂《たかちほ》や伊勢の地とならび、出雲がいかに古い歴史をもっていたかを証明している。

出雲の主役、オオクニヌシノミコトは絶倫の神さまでもあった。彼は多くの妃《きさき》をもち、実に一八一にのぼる神々の親だからである。ただし、それは艶福家《えんぷくか》の証明ではなく、田の

出雲大社

神の象徴とされている。一八一の子孫を残したすさまじい精力は、農業における生産力をイメージさせ、それが田の神として崇められるようになったのである。ちなみに、オオクニヌシノミコトは多くの別名をもつことでも知られるが、そのひとつがアシハラシコオノカミ（葦原色許男神）という。なぜか艶福家を連想させる名ではある。

前述したように、旧暦の十月は「神無月」といわれる。これは八百万の神々が出雲に集まるためだとされ、逆に出雲ではこの月を「神在月」と呼んでいる。これは根拠のない俗説だともいわれる。しかし、仮に俗説だとしても、そんな俗説が流れるほど出雲の神々たちの存在は大きく、人びとに篤《あつ》く信仰されていた証明でもある。

さらに俗説によれば、神無月に神々が出雲に顔をそろえ、神々たちは会議の席で男と女の縁談について協議していたといわれる。そのことから、出雲大社は数ある縁結びの神々のうちでも、もっとも有名な縁結びの神さまとなったのである。

出雲大社は縁結びだけではない。大社への寄進者には源頼朝《みなもとのよりとも》、足利義政《あしかがよしまさ》、細川勝元《ほそかわかつもと》、尼子経久《あまこつねひさ》、毛利元就《もうりもとなり》、毛利輝元《もうりてるもと》、豊臣秀頼《とよとみひでより》など、名だたる将軍や武将たちの名が見える。それは、彼らがいかに出雲の神々を崇敬していたかの証明である。

その出雲の神々は各地に伝えられ、長野県の伊豆毛《いずも》神社、福島県の出雲神社、埼玉県の出雲伊波比《いわい》神社などがいまなお現存している。出雲の神々はさらに全国に広がっていったが、それに貢献したのが伊勢神宮にもいた御師たちだったといわれる。

それにしても、出雲の地は神々の里にふさわしい。出雲大社だけでも、オオクニヌシノミコトのほかに天空にはじめて姿をみせた創造神、アメノミナカヌシノミコト、その直系であるタカムスビノカミ、カミムスビノカミ、ウマシアシカビヒコジノカミ（宇麻志阿斯訶備比古遅神）、アメノトコタチノカミ（天之常立神）の五柱が客座として顔をならべている。また、七三三年（天平五）に書かれた『出雲風土記《いずもふどき》』によれば、出雲国には三九九の社があり、そのうち一八四社が朝廷に認知された神社だったというのである。

さらに、『出雲風土記』のあとの『延喜式《えんぎしき》』によれば、それに記載された神社、いわゆる式内社の祭神の数は一八七座にのぼる。これは朝廷のあった大和地方や伊勢神宮のある伊勢地方に次ぐ。出雲の地が「神話のふるさと」といわれるゆえんである。

★出雲大社＝島根県大社町。例祭は五月十四日で、十五日には二の祭、十六日には三の祭がおこなわれ、多くの参詣者でにぎわう。例祭の前後には流鏑馬《やぶさめ》も行なわれる。

熱田神宮――ヤマトタケルノミコトと神剣・草薙剣――

三種の神器のひとつ、草薙剣《くさなぎのつるぎ》を神体として祀っている。主祭神はアツタノオオカミ（熱田大神）であり、アマテラスオオミカミ、スサノオノミコト、ヤマトタケルノミコト、ミヤズミヒメノミコト（宮簀媛命）、カケイナダネノミコト（建稲種命）を祀る。

熱田神宮といえば草薙剣である。草薙剣を八岐大蛇《やまたのおろち》から手にしたのはスサノオノミコトだが、景行《けいこう》天皇のとき、東征の途上、ヤマトタケルノミコト（日本武尊）が伊勢でヤマトヒメノミコトから授かり、駿河国《するがのくに》で草を薙ぎ払って敵を征伐し、以来、草薙剣と呼ばれる。ヤマトタケルノミコトは伊勢で病に倒れてこの世を去り、尾張《おわり》出身の妃、ミヤズミヒメノミコトが熱田に社を建て、草薙剣を奉安したのだった。これが熱田神宮のはじまりである。

その後、天智《てんじ》天皇の時代の六六八年（天智七）、草薙剣は新羅《しらぎ》の僧、道行《どうぎょう》に盗まれたが、

熱田大社

道行は難波《なにわ》に漂着して捕らえられ、殺害されている。

そののち、草薙剣は皇居で祀られるようになったが、六八六年（朱鳥元）、天智天皇の病が神剣の祟《たた》りだとの卜《ぼく》がなされ、草薙剣は熱田の社に奉還されている。以来、神剣・草薙剣が熱田の神体となったのである。

三種の神器のひとつ、草薙剣の存在は皇室との深い関係を生み、神話の世界のスター、ヤマトタケルノミコトも熱田の知名度を高めたといえるだろう。

そのため、皇室だけでなく、武将たちからも崇敬されている。とくに、源頼朝の母は熱田の大宮司の娘だった。その縁もあって崇敬し、一一九四年（建久五）には宝剣を献上している。足利義政、義昭《よしあき》、地元の織田信長、信長に次いで天下をとった豊臣秀吉、さらには徳川家康なども崇敬し、のちに尾張藩、徳川家が熱田の社を手厚く保護している。

この熱田神宮は地元では「熱田さん」と親しみをこめて呼ばれている。それはなにもメジャーな存在であるヤマトタケルノミコトや草薙剣のせいではない。

ヤマトタケルノミコトの妃、ミヤズミヒメノミコトは尾張出身だと書いたが、彼女は尾張に根を張っていた尾張氏の祖、カケイナダネノミコトの妹だとされている。つまり、尾張の人びとはカケイナダネノミコトとその妹、ミヤズミヒメノミコトに地元の神々として親近感を抱いていたのだろう。だからこそ、彼らは「熱田さん」と親しみをこめて呼び、それがヤマトタケルノミコトや草薙剣と結びついて人気を高めたのである。

いまでは熱田神宮と呼ばれているが、江戸時代までは「神宮」ではなかった。明治維新の直後、草薙剣が三種の神器のひとつだと確認され、神宮に昇格したのである。

★熱田神宮＝名古屋市熱田区。例大祭は六月五日で、熱田祭とも呼ばれる。

宇佐《うさ》神宮――二万五〇〇〇社を超える八幡さまの総元締め――

宇佐神宮は別名、宇佐八幡宮とも呼ばれる。八幡宮の名の通り、この神社は全国各地に点在する八幡宮の総本社、仏教でいえば総本山ということになる。通称、「八幡さま」は大小をあわせて二万五〇〇〇社を超えるといわれ、その多くが「村の鎮守さま」として親しまれている。その意味では、宇佐神宮は身近な存在だといえるかもしれない。

おなじ八幡宮には名の知れた神社も少なくない。鎌倉幕府を開いた源頼朝が庇護し、鎌倉と板東《ばんどう》武者《むしゃ》の守護神となった鎌倉の鶴岡《つるがおか》八幡宮、おなじ源氏の守護神とされた京都の石《いわ》清水《しみず》八幡宮、朝廷の崇敬が篤かった福岡の筥崎《はこざき》宮などがそうである。

宇佐神宮の主祭神はホンダワケノミコト（誉田別命）だが、この神さまは応神《おうじん》天皇だとされている。応神天皇が各地の八幡の神の頭領だというわけである。

ここにはほかにアマテラスオオミカミの吐いた息から生まれたというオクツシマヒメノミコト（奥津島比売命）とオキナガタラシヒメノミコト（息長帯比売命）、つまり神功皇《じんぐうこう》后《ごう》が祀られている。鎌倉八幡宮と石清水八幡宮にもこの二神が祀られている。

それにしても、なぜ、応神天皇が宇佐に祀られているのか？　伝えられるところでは、欽明《きんめい》天皇の時代、宇佐の御許山《おおもとさん》にはじめて八幡神があらわれ、五七一年、菱形山《ひしがたやま》のあたりに神霊が出現し、「われは誉田天皇《ほんだのすめらみこと》　広《ひろはたの》　八幡麻呂《やはたまろ》なり」と告げたといわれる。それが応神天皇というわけだが、以来、この地に天皇を祀ったのが宇佐神宮のはじまりとされる。

七二七年（神亀四）には大隅《おおすみ》半島で隼人《はやと》の反乱がおき、このとき、宇佐の人びとは神輿に乗って鎮圧にむかい、成功したと伝えられる。これが八幡宮でおこなわれる神事、放《ほう》

宇佐八幡

生会《じょうえ》のはじまりとされる。

この放生会は生きた魚や鳥を放つ仏教的な神事である。放生会は「仲秋祭《ちゅうしゅうさい》」とも呼ばれ、古代には豊後《ぶんご》、日向《ひゅうが》、筑前《ちくぜん》などからも参加していたとわれる。

七四七年（天平十九）、聖武《しょうむ》天皇は宇佐に使者を送り、奈良の東大寺《とうだいじ》に大仏を造ることを祈願した。このとき、宇佐の八幡の神はそれが成就《じょうじゅ》すると告げている。いざ天皇が大仏の鋳造《ちゅうぞう》に必要な黄金を唐から輸入しようとしたところ、八幡の神はその必要はないと告げたのだった。その後、陸奥国《むつのくに》から黄金が献上され、八幡の神は一躍、注目をあつめることなった。

その結果、東大寺の大仏が完成すると八幡の神は都に迎えられ、東大寺鎮守八幡宮が建立されている。この八幡宮はいまの手向山《たむけやま》八幡宮だが、このとき以来、八幡の神は朝廷を鎮護する重要な神として遇されるようになる。名もない地方の神さまが一躍、メジャーな神さまとして認知され、奈良の都に華やかにデビューしたのである。

宇佐にはじまった八幡の神はさらに出世をつづけ、「大菩薩《だいぼさつ》」の尊号を受けることになる。いわゆる「八幡大菩薩」はこのときに生まれている。『延喜式』にも「八幡大菩薩宇佐宮」と記されている。その名前からも、日本の神々と仏教が合体したことがわかるだろう。それ以後、この八幡の神は武士たちによって信奉され、各地に急速に広まっていく。その象徴が鎌倉の鶴岡八幡宮であり、京都の石清水八幡宮だというわけである。

その八幡の神がやがて村の鎮守さまとして定着していったのだろう。

★宇佐神宮＝大分県宇佐市。例祭は三月十八日。「宇佐祭」とも呼ばれる。放生会（仲秋祭）は十月九日から十一日までの三日間にわたっておこなわれる。

伏見稲荷大社――キツネで知られるお稲荷さんの総本社――

八幡神社とならび、稲荷《いなり》神社も私たちには身近だし、馴染《なじ》みが深い。たいていの町には「稲荷」と名のつく神社を見かける。なにしろ、その数は三万社ともいわれ、全国の神社のほぼ三分の一が稲荷神社という勘定になる。稲荷神社は「お稲荷さん」として親しまれているが、その総本社が京都の伏見稲荷大社である。

伏見稲荷の主祭神はウカノミタマノカミ（倉稲魂神）であり、サルタヒコノミコト（猿田彦命）とオオミヤメノミコト（大宮女命）も祀られている。サルタヒコノミコトは天孫降臨の折りに案内役を務めた神であり、猿とも天狗《てんぐ》ともつかぬ異形《いぎょう》をしており、伊勢の内宮の近くには猿田彦《さるたひこ》神社がある。オオミヤメノミコトは調和の神とされる。

主祭神のウカノミタマノカミはその名の通り、穀物の神である。その穀物から「稲」を連想し、さらに「稲荷」をイメージするが、その起源は八世紀にさかのぼる。

伝えられるところでは、二月の初午の日、長者の秦野公伊呂具《はたのきみいろぐ》が餅《もち》を的にして矢を射たところ、餅が白鳥となって三が峰の山上に止まり、そこに稲が生まれたという。そこで伊呂具がそこに神社を建てたというのである。その三つの峰の山上にはサルタヒコノミコトを、中腹には穀物の神であるウカノミタマノカミを、山の下にはオオミヤメノミコトを祀り、これらをイナリノオオカミ（稲荷大神）と称するようになったという。

稲荷の由来は、稲が生まれることを「稲生《いねなり》」といい、それが「イナリ」と変化し、「稲荷」になったとされる。いずれにしても伏見の神々は農業とは深い縁で結ばれており、主祭神にウカノミタマノカミが鎮座しているのもそのためだろう。そのため農家の人びとは伏見のイナリノオオカミを田の神として信仰したのである。

稲荷神社といえばキツネ（狐）とは切っても切り離せない。稲荷神社を訪ねれば、たいていはその社頭でキツネの姿を見かけるだろう。これも田の神と結ばれている。

伏見稲荷大社

昔の人たちはときに山里に姿を見せるキツネに神聖なものを感じていた。第一章で書いたように、山の神は農耕の季節となると里に下りて豊作をもたらす田の神となったが、その田の神の使者がキツネだと考えられたのだろう。その意味では、稲荷神社の社頭で待ち受けるキツネたちはヒトに幸運を呼んでくれる存在だといえるだろう。

その後、中世に入って工業や商業がおきると、伏見のイナリノオオカミは農業だけではなく、工業や商売の神さまともなっていった。その神霊はとどまることを知らず、田の神から衣食住、すべてにわたる万能の神さまとして祟められるようになった。こうして、イナリノオオカミは津々浦々に招かれ、ビッグな神さまに変身したのである。

伏見稲荷大社とともに三大稲荷といわれるのが茨城県笠間《かさま》市の笠間稲荷と、私の故郷の佐賀に鎮座する祐徳《ゆうとく》稲荷である。佐賀県鹿島市にある祐徳稲荷は江戸時代の一六八七年(貞享四)に鍋島《なべしま》藩主の夫人、万子姫《まんこひめ》が創建したものである。万子姫は京都の公家、花山院家から輿入れしており、春日大社の前の宮司、花山院親忠さんともつながっている。

★伏見稲荷大社＝京都市伏見区。稲荷祭と呼ばれる例祭は四月上旬だが、二月の最初の初午の日におこなわれる初午祭も大勢の参詣者たちでにぎわう。

太宰府天満宮——菅原道真を祀る天神さまの総本家——

天満宮という神社も、私たちには八幡さまやお稲荷さんとともに身近な存在である。九州の実家の近くにも小さな天満宮があったし、小学校にあがる前には両親に連れられて太宰府天満宮に参り、はじめて食べた梅ガ枝餅の味は忘れられない。東京の自宅の近くにも湯島天神がある。いずれも菅原道真を祀り、学問も神さまとして知られている。

天満宮は湯島天神の名が示すように天神さまを祀っていた。京都の北野天満宮もいまでこそ天満宮と名乗っているが、もとは北野神社であり、天神さまを祀っていた。

本来、「天神」というのは地の神々に対する天の神々、つまり高天原にいる神々のことをいう。その天にいる神々が地に降りてそれぞれの地方に恵みをもたらすとされた。その意味では農耕の神々だった。それが御霊《ごりょう》信仰と結びついていったのである。

ここでいう御霊信仰とは奈良時代の末期から広まったもので、権力闘争に敗れた貴族の怨霊が祟り、疫病や天変地異がおきると信じられていた。このため、民間では「御霊会《ごりょうえ》」という祭りがおこなわれ、疫病や天変地異がおきるのを避けようとしたのだった。それはやがて町から朝廷へと広がり、朝廷も怨霊の祟りを畏怖《いふ》するようになっていた。

そんな時期、菅原道真の死が大きな波紋を呼んだのだった。

道真は文章道の家に生まれ、学者としての評価が高かった。政治家としても能力を発揮し、右大臣にまで昇進している。しかし、政敵、藤原時平《ふじわらのときひら》の讒言《ざんげん》によって九州の太宰府に流されてしまった。

彼は太宰府で無念の日々を送り、ついに京に帰ることなく亡くなってしまう。彼の遺骸は太宰府の安楽寺《あんらくじ》に埋葬されたが、その葬儀の日、遺骸を運ぶ馬車は寺の門前で動きを止め、京の都では雷鳴がとどろき、大地がゆれ動いたとされる。

そののちも、京都にしばしば道真の怨霊があらわれ、人びとはその怨霊に恐れをなしたのである。京の都では大雨や雷鳴に襲われ、道真を太宰府に追いやった人びとが相次いで

太宰府天満宮

亡くなっている。これには政治を支配していた人びともふるえあがり、道真の官位をもとにもどし、太宰府に左遷《させん》したときの天皇の命令書を焼き払ったりしている。

　そこで道真の死から二年後の九〇五年、味酒安行《うまざけやすゆき》によって安楽寺の境内に神殿が建てられる。道真の怒れる怨霊を鎮めるためだった。この神殿は「天満大自在天神《てんまんだいじざいてんじん》」と称したといわれ、それが太宰府天満宮のはじまりである。その後も彼の怨霊は消えず、京都にも彼の魂を鎮《しず》めるために北野《きたの》神社、のちの北野天満宮が創建されている。

　もともと天神さまはおだやかな農耕の神だった。しかし、いつしか菅原道真の怨霊と結びつき、怨霊を鎮めるための神社となっていった。

　明治以前は天満宮の呼び名のほかに安楽寺廟《びょう》といい、菅原道真が「菅公《かんこう》」と呼ばれたため「菅公聖廟《せいびょう》」とも呼ばれた。明治以後は太宰府神社となり、戦後、いまの太宰府天満宮となっている。

　道真は文章と書の達人であり、学者としても知られていたが、このことから学問の神さまと崇められるようになった。こうして太宰府天満宮や湯島天神などは多くの受験生たちでにぎわい、願いを記した絵馬が境内にあふれることになった。

★太宰府天満宮＝福岡県太宰府市。例祭は九月二十五日。

熊野三山――神と仏が合体した熊野信仰の聖地――

熊野三山とは南紀にある熊野本宮大社、熊野速玉《はやたま》大社、それに那智の滝で知られる熊野那智大社をいう。熊野川の河口にあたる新宮に熊野速玉大社があり、そこから熊野川をさかのぼれば熊野本宮大社、新宮から近い那智山に熊野那智大社がある。

それらの神社は南は熊野灘、北は険しい紀伊の山地に阻まれ、熊野のわずかに開けた土地に肩を寄せあっているように見える。この地方が世界遺産に登録されてからは訪れる人びともふえ、彼らの目には熊野の三山もひとつの世界のように映るだろう。

しかし、もともと三山は生まれも育ちも別々であり、それらが「熊野三山」と呼ばれるようになったのは平安時代の中期ごろからだといわれる。それ以降、本宮は阿弥陀如来《あみだにょらい》だとされ、熊野の地は阿弥陀の浄土となり、熊野に参詣すれば極楽浄土ができる、そう信じられるようになった。こうして南紀の地に「熊野信仰」が生まれたのだった。

熊野本宮大社

　こう書くと、熊野の地には神々と阿弥陀が同居しているのがわかるだろう。神々の地でありながら、人びとはその地を阿弥陀の浄土だと信じていたのだから。その意味では、熊野の三山は日本の神々と仏教の阿弥陀とが一体化し、むしろ阿弥陀が神々を従えていたといえる。そのため、熊野の三山は「熊野三所権現」と総称されていたほどである。
　熊野本宮大社は杉林に息をひそめ、一二九段の石段を登って境内に入ると、四つの社殿が緑の森を背にそびえている。その第三殿は「証誠殿《しょうせいでん》」と呼ばれ、そこには主祭神のスサノオノミコトが祀られ、左右の社殿にはイザナギノミコトやイザナミノミコト、アマテラスオオミカミらの神々が祀られている。ほかにも社殿があり、スサノオノミコトをふくめて一三柱の神々が鎮座している。主役級の神々のオンパレードといったところだ。

だからといって、イザナギノミコトやアマテラスオオミカミが重要な役割を演じているわけではない。いってみれば、歌舞伎の顔見せ興行といった感じである。

そのあたりの事情は速玉大社や那智大社にも共通している。

速玉大社にはあざやかな朱色の壮麗な社殿がならんでいるが、ここの主祭神はクマノハヤタマノオオカミ（熊野速玉大神）、那智の滝で知られる那智大社の主祭神はスサノオノミコト、クマノハヤタマノオオカミ、それにクマノフスミノオオカミ（熊野須美大神）であり、それぞれにアマテラスオオミカミらの神々が鎮座している。ちなみに、クマノフスミノオオカミとは聞き慣れない神だが、イザナミノミコトの別名である。

これを見ても、あくまでも三山の主祭神が主役であり、あとの有名な神々は主役を引き立てるための神々といった感じがする。しかも、その主祭神たちも神の形をしながらも、実はスサノオノミコトが阿弥陀如来であり、クマノハヤタマノオオカミは薬師《やくし》如来、クマノフスミノオオカミ、ことイザナミノミコトは千手観音の仮の姿とされている。神々のなかの神、アマテラスオオミカミでさえもこの地では十一面観音だった。

これは熊野の地でいかに神と仏の一体化、いわゆる神仏の習合がすすんだかを示している。それは那智大社のとなりにある青岸渡寺《せいがんとじ》を見ればわかるだろう。

青岸渡寺は西国三十三番札所の第一番として知られるが、もともとは那智山権現、いまの那智大社に属していた如意輪《にょいりん》観音堂だった。『熊野年代記』によれば、欽明《きんめい》天皇五年に仏教が渡来し、熊野権現の観音堂を建てたと記されている。

熊野の地では神と仏が同居し、それが熊野信仰だったのである。

しかし、神と仏が一体化する前、熊野の神々は秘境を舞台に躍動していた。はるか昔、スサノオノミコトとクマノハヤタマノオオカミは各地を遍歴し、クマノハヤタマノオオカミは神蔵峯《かみのくらのみね》に天降りし、社がつくられ、のちにそれが速玉大社になったと伝えられている。一方のスサノオノミコトはさらに天空を飛び、熊野川上流に天降りし、崇神天皇の時代に社殿が造営されたという。それが杉林のなかの本宮である。

那智大社の場合、神武天皇が熊野灘から那智浦に上陸したとき、天皇は那智の山に光が輝くを目撃し、滝を発見したといわれる。滝に感動した天皇は滝を神として祀ったとされる。那智の滝の脇には「飛瀧《ひろう》神社」と呼ばれる社がある。ここの神体は滝である。那智の滝には三つの滝があり、一の滝を那智大滝というが、その大滝が神さまだった。『平家物語』に登場する「那智のお山の飛瀧権現」とはこの滝のことである。

伝承によれば、この地の原住民たちは古くから那智の滝を神として崇めていたといわれる。彼らは滝のなかに神々が棲んでいると信じていたにちがいない。

はるか昔、神々は熊野の秘境でみずみずしく鼓動していたのである。

その後、神々は仏と合体すると、熊野信仰は津々浦々に広まり、各地に熊野権現が祀られている。その系統の神社は三一〇〇社にものぼるといわれる。熊野の三山に参詣できない人びとは、それぞれの熊野神社で熊野のご利益を求めたのだろう。

★熊野本宮大社＝和歌山県本宮町。例祭は四月十五日。

★熊野速玉大社＝和歌山県新宮市。「新宮祭」と呼ばれる例祭は十月十五日。

★熊野那智大社＝和歌山県紀伊勝浦町。那智の火祭で有名な例祭は七月十四日。

諏訪大社――御柱祭で知られる諏訪湖湖畔の神々――

諏訪大社といえばまず勇壮な「御柱祭《おんばしらさい》」を連想する。これは大社の上社《かみしゃ》と下社《しもしゃ》の四隅に立てられる御柱をあたらしく曳き立てる行事をいう。その柱は巨大な樅《もみ》の木であり、申《さる》年と寅《とら》年の七年目ごとに曳かれるが、ときに死者が出すほどの烈しい祭りだ。忍耐強いといわれる諏訪の人びとの、どこにそんな激しさが潜んでいるのか不思議なほどである。

すでにふれたが、諏訪大社は諏訪湖の東南にある上社と、諏訪湖の北にある下社からなり、さらに上社には本宮と前宮があり、下社には春宮と秋宮がある。上社の本宮には本殿はなく、宮山を神体とし、下社の春宮では杉の木を、秋宮ではイチイの木を神体としている。それは熊野那智大社の那智の滝に似て、自然崇拝の香りが色濃く漂っている。そう考えれば、御柱祭の壮絶ともいえる祭りの雰囲気が理解できるような気もする。

上社の祭神はタケミナカタトミノミコト（建御名方富命）である。

タケミナカタトミノミコトはタケミナカタノカミ（建御名方神）ともいい、出雲大社の主祭神であるオオクニヌシノミコトの子だ。オオクニヌシノミコトはアマテラスオオミカミに国をゆずった、いわゆる国ゆずりの神話に登場するが、タケミナカタトミノミコトもこの神話に一枚噛《か》んでいる。彼はアマテラスオオミカミが派遣した高天原からの使者、タケミカズチノオノカミ（建御雷之男神＝武甕槌命）に抵抗したのである。

『古事記』によると、力自慢のタケミナカタトミノミコトはタケミカズチノオノカミに力比べでの決着を申しこみ、勇んで相手の手を握ったのだが、彼の手は氷の柱と化し、次いで剣の刃に変わり、タケミナカタトミノミコトは震えあがって手を引っこめた。逆にタケミカズチノオノカミが相手の手を握ると、タケミナカタトミノミコトの手は藁《わら》のように柔らかくなり、力が抜けてしまったのだった。さすがの力自慢もこれには目を剥《む》き、科野国《しなののくに》（信濃国）の洲羽海《すわのうみ》（諏訪湖）まで命からがらに逃げたというのである。

こうしてタケミナカタトミノミコトは諏訪湖に棲みつき、諏訪大社の上社の祭神となった。下社の祭神は妃のヤサカトメノヒメ（八坂刀売命）である。

諏訪大社

　この諏訪大社には上社の本宮だけでなく、ほかの三つの宮にも本殿が見あたらない。その代わり、上社、下社にはそれぞれ二つの宝《ほう》殿《でん》があり、神体はそこに納められている。それぞれの宝殿は七年ごとに遷座され、それにあわせて社殿の四方にある御柱が立て替えられる。これが冒頭の御柱祭であり、御柱は神々が立ち寄る依代《よりしろ》なのである。

　上社のタケミナカタトミノミコトは高天原のタケミカヅキノオノカミには完敗してしまったが、古来、武勇の神として崇められてきた。とくに甲斐《かい》の武田信玄《たけだしんげん》、勝頼《かつより》は社殿を造営し、徳川家康も上社に一〇〇〇石、下社に五〇〇石を寄進している。

　その後、諏訪の神々は風雨の神、鍛冶《かじ》の神、農耕や狩猟の神、開拓の守護神といった役割を担い、全国各地に分社が創建されている。諏訪の名のつく神社は長野県、新潟県を中心に約二七〇〇社といわれ、分祀《ぶんし》された神々は一万社を超えるともいわれる。
★諏訪大社上社＝長野県諏訪市。例祭は四月十五日。「御頭祭」と呼ばれる。
★諏訪大社下社＝長野県下諏訪町。例祭は八月一日。「御船祭」ともいう。

白山比咩神社――霊峰・白山にはじまった「白山信仰」――

白山は石川、岐阜の両県にまたがり、主峰は標高二七〇二メートルの御前峰《ごぜんみね》である。その近くには大汝峰《おおなんじみね》、剣ガ峰などが控え、これらを総称して「白山」という。富士山や立山とならぶ三大霊峰のひとつとされ、古くは「しらやま」とも呼ばれていた。

主峰、御前峰の頂にはかつて白山比咩《しらやまひめ》神社の本宮《ほんぐう》が鎮座していが、頂に登るのは容易ではなく、その山麓に社が建てられた。それが現在の白山比咩神社である。頂にはその奥宮が残され、「禅定《ぜんじょう》本宮」とも呼ばれている。さらに山麓の本宮の周辺には金剣の宮、岩本の宮など、七つの摂社や末社があり、これらは「白山七社」と呼ばれている。

私が住む東京の本郷のすぐ近くには「白山」という地名がある、東洋大学のキャンパスに隣接し、至近の駅は都営地下鉄の白山駅である。その一角に紫陽花で有名な白山神社があり、イザナミノミコトやククリヒメノミコト（菊理媛命）などを祀っている。これは御前峰にある白山比咩神社の分社であり、これに似た分社が各地に点在し、とくに石川、岐阜、新潟、愛知の各県に多いとされる。その数は約二七〇〇社にのぼるともいう。

それらの白山神社の総本山が白山比咩神社であり、霊峰・白山から発した信仰は「白山信仰」と呼ばれ、一般には「白山《はくさん》さん」として親しまれている。

白山比咩神社の祭神はシラヤマヒメノオオカミ（白山比咩神社）、別名が東京の白山神社の祭神、ククリヒメノミコトである。『日本書紀』によれば、イザナギノミコトは妻であるイザナミノミコトが死後、彼女を慕って死者の棲む黄泉の国にむかうが、怒った妻に追われ、あわや命を落としそうになる。このとき、イザナギノミコトに助言したのがククリヒメノミコトだった。彼女はイザナギノミコトの命の恩人というわけである。

彼女のほかにも、祭神としてイザナギノミコトとイザナミノミコトが祀られている。黄泉の国での生死をめぐる争いの当事者たちが顔をそろえているのだ。

そう考えると、神社としての歴史はいかにも由緒《ゆいしょ》がありそうに聞こえるが、この白山比咩神社を創建したのは泰澄《たいとう》という僧侶だった。それは八世紀の初頭だと考えられている。平安時代に入ると、この霊峰は修験道で知られるようになる。修験道とは役小角《えんのおづぬ》を祖とし、当初は山中での修行を通して呪力を獲得しようとし、のちに即身成仏《そくしんじょうぶつ》を果たそうとした修験の道をいう。熊野三山とおなじように、白山も神と仏が合体した世界だった。

それは「白山信仰」として全国各地に広がっていったのである。

白山神社

神仏が合体したため、ククリヒメノミコトは阿弥陀如来、イザナギノミコトは阿弥陀如来のそばに侍っていた勢至《せいし》如来、イザナミノミコトは観音菩薩が本地《ほんじ》だとされている。白山比咩神社も「白山権現」、古くは「妙理《みょうり》権現」ともいわれる。神社には神職もいたが、その主導権を握っていたのは社僧だった。神々は仏陀《ぶっだ》に従っていたのである。

一八七一年（明治四）に神仏が分離されると、境内の仏閣は除かれ、仏像も寺院に移されている。白山比咩神社は多くの白山神社とともに神々の世界に還ってきたのである。

★白山比咩神社＝石川県白山町。例祭は五月六日。「梅ケ香祭」と称している。

住吉大社——航海の守護神となった三柱の神々——

大阪の住吉《すみよし》大社は古くから航海や漁業の守護神として知られている。その祭神は『古事記』や『日本書紀』にも登場するソコヅツノオノミコト（底筒男命）、ナカヅツノオノミコト（中筒男命）、ウワヅツノオノミコト（表筒男命）の三神である。

イザナギノミコトが黄泉の国から命からがらもどり、阿波岐原《あわぎはら》で死の穢れを祓うために禊ぎをしたとき、さまさまな神々が生まれている。洗い落とされた穢れから生まれたのがヤソマガツヒノカミ（八十禍津日神）とオオマガツヒノカミ（大禍津日神）の二神、彼自身の邪悪を直そうとして生まれたのがカムナオビノカミ（神直毗神）、オオナオビノカミ（大直毗神）、イズノメノカミ（伊豆能売神）の三神が化生している。

また、水の底で口をそそいだときにソコツツノオノミコト、水の中ほどでそそいだときにナカツツノオノミコト、水面上でそそいだときにウワツツノオノミコトの三神が化生《けしょう》している。これらの神々が住吉大社の祭神であり、海の神とされている。

その三神が名を高めたのは神功皇后が朝鮮半島の新羅を攻めたときだった。『古事記』や『日本書紀』によれば、神功皇后が新羅から凱旋《がいせん》したとき、皇后の船を守護したのが海の神であるソコヅツノオノミコト、ナカヅツノオノミコト、ウワヅツノオノミコトの三神だった。その功績が認められ、彼らは摂津国《せっつのくに》の「墨江《すみえ》」に祀られたといわれる。

住吉大社

これが住吉大社の起源である。墨江とは現在の住吉のことをいうが、「江」が入江や湾を意味することから、当時の住吉あたりは海に面していたのだろう。
住吉と名のつく神社はなにも大阪の住吉大社だけではない。
山口県の下関市、福岡県の福岡市、長崎県の壱岐島《いきのしま》にも住吉神社があり、それぞれに由緒ある古社として知られる。祭神も住吉大社とおなじソコヅツノオノミコト、ナカヅツノオノミコト、ウワヅツノオノミコトの三神である。それらの神社を線で結ぶと、それは神功皇后が朝鮮半島の新羅から凱旋した航路とかさなりあっている。逆にいえば、皇后の航路沿いに海の神たちが祀られ、いまも住吉神社が残されているのだろう。
その後、ソコヅツノオノミコト、ナカヅツノオノミコト、ウワヅツノオノミコトの三神は漁業や航海の守護神として海上交通の要路に分祀されていった。

当初、三神が鎮座したのは瀬戸内海から九州方面にかけてだった。それははるか昔の主要な海のルートを示している。しかし、海運が発達するにつれ、ソコヅツノオノミコトら三神は各地に分祀され、信仰される地域も飛躍的に広がったのである。

神功皇后の縁もあってか、天武《てんむ》天皇をはじめ、多くの天皇が住吉大社に行幸し、武家たちの信仰も篤かった。一一九五年（建久六）には源頼朝が神馬《しんめ》を奉納しているし、楠木正成、足利尊氏、豊臣秀吉、江戸時代には諸大名たちもたびたび大社に参詣している。

その後、難波（大阪）で商業が盛んになるにつれ、ソコヅツノオノミコト、ナカヅツノオノミコト、ウワヅツノオノミコトの三神は漁業や航海の神々としてだけでなく、商売繁昌の神々としても信仰されている。現在、住吉大社の系統の神社は二五〇〇社に達するといわれる。時代とともに三神はメジャーな神々に成長したのである。

★住吉大社＝大阪市住吉区。例祭は七月三十一日。「荒和大祓《あらにこのおおはらい》」とも呼ばれる。

春日《かすが》大社——春日野の地に祀られた藤原一門の総氏神——

春日大社は東大寺や興福寺とともに三笠山《みかさやま》の麓に広がる奈良公園にあり、あたりには木々が生い繁っている。この一帯はかつては「春日野」と呼ばれ、三笠山とともに奈良時代から親しまれていた。「天の原ふりさけ見れば春日なる　三笠の山に出でし月かも」。こ

春日大社

れは遣唐使として唐にいた阿倍仲麻呂《あべのなかまろ》が故郷をしのんで詠《よ》んだものである。

　そのかつての春日野、現在の奈良公園といえばまず鹿を思い出す。神話の時代、その鹿は神々の使者として考えられていた。人びとは神々は動物の形をしてあらわれると信じていたからだ。それは稲荷神社の社頭にならぶキツネたちとおなじである。

　鹿が春日野に姿を見せるようになったのは春日大社や東大寺、興福寺が建立される以前からだ。藤原氏の血を継ぐ春日大社の前宮司、花山院親忠氏は、

「鹿の常食は草であり、森に入れば秋は好物の木の実が得られ、冬は草原で日向ぼっこをし、夏は樹下に涼を求めて憩い、身の危険を覚えれば原生林の奥深くに駆けこむことので

きる好条件の住処《すみか》である。このあたりは野生鹿の楽園であった。やがて平城《へいじょう》の都となり、この東部山麓に社寺の造営が進んでも、それは彼等を迫害するものではなかった」

その著『ふりさけみれば春日なる』でこう記している。

そんな鹿たちが遊ぶ春日野に朱塗りの春日大社が造営されたのは七一〇年（和銅三）、奈良への遷都《せんと》とともに藤原不比等が造営したとされる。最初に祀られたのは常陸国（茨城県）の鹿島神宮から分祀された藤原の氏神、タケミカヅチノミコトだ。諏訪大社の上社の祭神となった力自慢のタケミナカタトミノミコトを、一瞬のうちにねじ伏せたあの神さまである。このタケミカヅチノミコトは春日大社にある四殿の第一殿に祀られている。

次に下総国（千葉県）の香取神宮から武の神、剣の神であるフツヌシノミコトを迎えて第二殿に祀り、第三殿には天の岩屋の前でアマテラスオオミカミに祝詞を奏上したアメノコヤネノミコトを、第四殿には神格化された巫女ともいうヒメカミ（比売神）を祀る。アメノコヤネノミコトとヒメカミは河内国《かわちのくに》（大阪）の枚岡《ひらおか》神社から迎えている。

春日大社の起源はこの四柱の神々が春日の地に祀られたときだった。そして、これらの神々を迎えたのは神の化身《けしん》である春日野の鹿たちだったとされる。

これらの神々はいずれも古くからの中臣《なかとみ》氏の守護神であり、中臣氏の流れを汲む藤原氏の氏神だったが、以後、春日大社は藤原氏の総氏神となったのである。

その藤原氏は皇室の妃を輩出し、いわゆる天皇の外戚となったが、それとともに社格はあがり、ついにはアマテラスオオミカミの伊勢神宮に準じた地位を獲得する。

伊勢神宮には斎王が、京都の賀茂社（下鴨、上賀茂）には斎院がおかれたが、春日大社もそれをならって「斎女《いつきめ》」がおかれたし、伊勢の式年遷宮《しきねんせんぐう》にならった「式年造替《しきねんどうたい》」をおこなっている。さらに、春日祭とよばれる例祭は賀茂社の賀茂祭や京都の石清水八幡宮の石清水祭とともに勅祭《ちょくさい》とされている。勅祭とは朝廷が直轄する祭祀《さいし》をいうが、それは春日大社がいかに朝廷に重視されていたかを物語っている。

それ以後、春日大社の宮司は藤原氏の血を継ぐ者にかぎられている。前出の花山院氏もそのひとりだった。

しかし、春日大社がいかに朝廷に庇護されたとしても、その存在は庶民にはほど遠かった。それが庶民にも身近になったのは十二世紀に入ってからだ。

このころ、伊勢神宮、石清水八幡宮、それに春日大社の神々がひとつだという話が広がり、三社への参詣が勧められたのだ。これを「三社託宣《さんしゃたくせん》」というが、これによって春日大社の名が知られ、各地に春日神社が創建されたのだった。現在、その数は三〇〇〇社を超すといわれる。こうして春日の神々は庶民に身近な神々となったのである。

★春日大社＝奈良県奈良市。「春日祭」と呼ばれる例祭は三月十三日。

日吉大社——延暦寺とともに発展した「山王さん」——

東京・赤坂にある日枝《ひえ》神社は「山王《さんのう》さん」として親しまれている。その祭り「山王祭」は浅草の三社祭などとならぶ江戸の三大祭のひとつとして知られる。

この神社は江戸城を築城した太田道灌《おおたどうかん》が川越《かわごえ》の日吉《ひえ》社を江戸城の北に分祀《ぶんし》し、江戸を護る神としたのがはじまりである。その後、一六五九年（万治二）、将軍家綱《いえつな》によって現在の地に遷座《せんざ》されている。別の名を「日吉山王社」「日吉山王権現社」とも呼んだ。その「権現」の二文字を見ると、この神社が神仏習合の影響を受けているのがわかる。

日枝神社の総本社は日吉大社であり、それは琵琶湖を望む比叡山の東麓にある。

ここで登場した日吉大社の「日吉」は日枝神社の「日枝」とも書き、古くは「ひえ」とも読まれる。さらに日枝は比叡山《ひえいざん》の「ひえ」に通じるとされる。その比叡山には日吉大社と最澄《さいちょう》が開いた天台宗《てんだい》の延暦寺《えんりゃくじ》がある。そう考えると、日吉大社と日枝神社は親と子の関係にあり、それらは比叡山の天台宗と密接に結びついていると推察される。

さて、日吉大社の祭神はオオヤマクイノカミ（大山咋神）である。オオヤマクイノカミは農業の神だったオオトシノカミ（大年神）と水の神だったアメシルカルミズヒメノカミ（天知迦流美豆比売神）との間に生まれ、比叡山あたりの地主神だった。父、オオトシノカミの父はスサノオノミコトだから、彼はスサノオノミコトの孫ということになる。最初、オオヤマクイノカミは比叡山の土地の神として祀られたのだった。

日吉大社

その後、天智天皇が近江の大津宮《おおつのみや》に遷都したとき、天皇は古来から大和朝廷の守護神とされたオオナムチノミコト（大己貴命）を比叡山に呼び寄せている。オオナムチノミコトの別の名はオオクニヌシノミコト、つまり出雲大社の主祭神である。

出雲大社の主祭神、オオナムチノミコトと、スサノオノミコトの血を引くとはいえ、土地の神とでは格がちがいすぎる。そこでオオヤマクイノカミは一歩引き下がり、みずからを「小比叡」と名乗り、オオナムチノミコトを「大比叡」と呼んでいる。

大津京から平安遷都ののち、唐から帰朝した最澄が比叡山に天台宗の延暦寺を開いた。このとき、最澄は日吉大社を比叡山の守護神とし、オオナムチノミコトの社、西本宮を大比叡山王、オオヤマクイノカミの社、東本宮を小比叡山王とした。ここでいう「山王」とは霊山を守護する神霊をいうが、「山王さん」の呼び名はここに由来している。

最澄の延暦寺は山岳信仰と結びつき、神仏習合の流れにも乗り、日吉大社は延暦寺とともに発展することになる。日吉の神々は仏陀《ぶっだ》主導で歩きはじめたのである。

こうしてオオナムチノミコトは神でありながら釈迦如来《しゃかにょらい》と、オオヤマクイノカミは薬師《やくし》如来とされている。社も日吉山王社や山王権現と呼ばれるようになる。東京の日枝神社が「日吉山王社」「日吉山王権現社」と呼ばれたのもそのためである。

一五七一年（元亀二）、織田信長に抵抗した延暦寺は焼失したが、その後、豊臣秀吉によって再興されている。それが現在の社殿だが、境内には数多くの摂社や末社があり、その数はあわせて二一社にのぼる。これを「山王二十一社」と称している。

オオナムチノミコトが釈迦如来となったように、二一社の神々もそれぞれの仏名をもっている。摂社である早尾神社の祭神、スサノオノミコトや末社、剣宮社《つるぎのみやしゃ》のニニギノミコトは不動明王、スサノオノミコトの子でオオヤマクイノカミの父親、オオトシノカミは毘沙門天といった風である。この辺は熊野の三山の事情によく似ている。

しかし、天台宗が全国に広まるにつれ、日吉の神々の信仰も知られるようになった。各地に日吉、あるいは日枝神社が創建されたのもそのためである。

明治の維新後、神と仏は分離され、境内の仏閣などはことごとく排除され、敗戦後、いまの日吉大社を名乗っている。日吉、または日枝を名乗る神社は三八〇〇社にのぼるといわれる。東京の日枝神社はその代表的な存在だといえるだろう。ほかにも、富山県富山市や山形県酒田市の日枝神社、福岡県柳川市の日吉神社などが知られている。
★日吉大社＝滋賀県大津市。「日吉祭」「山王祭」と呼ばれる例祭は四月十四日。

富士山本宮浅間《せんげん》神社——霊峰・富士への信仰と美女の祭神——

三大霊峰のひとつ、白山の頂にも白山比咩神社の奥宮があるが、白山を凌ぐ霊峰、富士山の頂にも社がある。富士宮市にある富士山本宮浅間《せんげん》神社の奥宮である。

古代人は那智の大滝に神々が棲んでいると信じ、奈良の大神神社は山そのものが神体だった。そうであれば、彼らが富士の山に神々を見ても不思議ではない。ましてや、山の姿はあまりにも美しい。それが信仰の対象となったのは当然の成り行きだろう。

事実、平安時代に記された記録によれば、古くから富士山の山麓で人びとが祭りをおこない、富士の峰では白衣の美女が舞っていたとある。祭りはともかく、峰で白衣の美女が舞うはずもない。ただ、活火山である峰からは白い煙がたなびき、古代人たちの目にはそれが白衣の美女と映ったのだろう。それほど富士の山は魅惑的《みわくてき》だったのである。

そのため、富士山を眺められる土地には、数多くの社が出現している。もっとも古いのが前出の富士山本宮浅間神社であり、山梨側に浅間神社が登場し、静岡側にも浅間神社が創建されている。それらはそれぞれ山梨浅間神社、静岡浅間神社と呼ばれている。それらの浅間神社の根本社とされているのが富士山本宮浅間神社である。

富士山本宮浅間神社をはじめ、浅間神社の主祭神はコノハナサクヤヒメノミコト（木花咲耶命）である。その漢字を見るといかにも美しく、さわやかな印象を受けるが、事実、この神は神々のなかでももっとも麗しい女神だったとされている。

コノハナサクヤヒメノミコトは山の神、オオヤマツミノカミ（大山祇神）の娘であり、彼女に一目惚れしたのが高天原から高千穂の峰に天孫降臨したニニギノミコトだった。その話を聞いたオオヤマツミノカミは喜び、彼女の姉神、イワナガヒメノミコト（石長比売命）ともどもニニギノミコトのもとに送り出す。しかし、姉は妹とは比べものにならない醜女《しこめ》だったため、ニニギノミコトは彼女だけを送り返したのだった。

こうしてニニギノミコトと美人妻、コノハナサクヤヒメノミコトとの新婚生活がはじまったが、一日にして不幸に見舞われてしまう。彼女が一夜の交わりだけで身籠《みごも》ってしまったからだ。夫のニニギノミコトはそのことに猜疑《さいぎ》の目をむけたのだった。

富士山本宮浅間神社

コノハナサクヤヒメノミコトは夫の疑いを晴らすために逃げ道のない産屋《うぶや》に火を放ち、三柱の子を出産したのだった。ホデリノミコト（火照命）、ホスセリノミコト（火須勢理命）、ホオリノミコト（火遠理命）である。このうち、ホデリノミコトはのちに海幸彦《うみさちひこ》、ホオリノミコトは山幸彦《やまさちひこ》となり、前述の海幸彦と山幸彦の神話になっていく。

浅間神社は安産の神さまとして知られるが、それはコノハナサクヤヒメノミコトの産屋での壮烈な出産と、その後のわが子の成長にあやかろうというのだろう。

しかし、浅間神社の信仰はあくまでも霊峰・富士であり、その美しさのシンボルがコノハナサクヤヒメノミコトだった。その後、白山の場合とおなじように山岳信仰の要素が加わり、神仏習合の影響からも逃れられず、「富士権現」ともいわれている。やがて庶民たちは「浅間さま」と呼ぶようになり、参詣する人びとも多くなっていった。

武家たちの崇敬も篤く、源頼朝、北条義時《ほうじょうよしとき》、足利尊氏、豊臣秀吉らが社殿の造営や領地を寄進をしている。とくに秀吉は七八七石、家康はそれを上まわる八六七石の社領を寄進している。現在の社殿も家康が関ケ原の勝利を感謝して造営している。
★富士山本宮浅間神社＝静岡県富士宮市。例祭は十一月四日。五月には流鏑馬祭も。
★山梨浅間神社＝山梨県一宮町。例祭は四月十五日。この日、大神幸祭も。
★静岡浅間神社＝静岡県静岡市。例祭は四月五日。五月と六月に流鏑馬祭も。

宗像《むなかた》大社——宗像の三女神《にょしん》を祀る海上交通の神さま——

福岡県の玄界町《げんかい》は、鹿児島本線の小倉駅から博多駅にむかう途中にあり、宗像《むなかた》山の麓にあたる田島に辺津宮《へつぐう》の社殿があり、田島からほぼ十一キロ先の大島に中津宮《なかつぐう》が、大島から約五〇キロも離れた玄界灘の孤島、沖ノ島には沖津宮《おきつぐう》がある。三つの宮を線で結ぶとほぼ一直線となり、沖津宮からさらに直線を延ばすと、そこは朝鮮半島の釜山《プサン》である。

辺津宮、中津宮、沖津宮、その三つの宮を総称して宗像大社という。全国各地にある約九〇〇〇社にのぼる宗像神社の総本社であり、辺津宮が第一宮とされている。

宗像辺津宮

それらの宮にはそれぞれ異なる女神たちが祀られている。辺津宮にはイチキシマヒメノカミ（市杵島姫神）、中津宮にはタギツヒメノカミ（湍津姫神）、沖津宮にはタゴリヒメノカミ（田心姫神）である。彼女らは「宗像の三女神」と呼ばれている。

『古事記』によれば、彼女たちはアマテラスオオミカミと、スサノオノミコトが天安河《あまのやすのか》原《わら》で誓約をしたときに誕生したと記している。スサノオノミコトが姉、アマテラスオオミカミに別れを告げるために高天原を訪ねたとき、姉は弟が高天原を奪いにきたのではないかと疑い、弟は姉にみずからの潔白を証明しようとした。これが「誓約《うけい》」である。

このとき、アマテラスオオミカミは弟の剣を三段に折り、そこに天真名井《あまのまない》の聖水を降りそそぎ、噛んで吐き捨てたのだった。その息から生まれたのが沖津宮に祀られたタゴリヒメノカミであり、次に辺津宮のイチキシマヒメノカミが化生し、最後に生まれたのが中津宮の祭神となったタギツヒメノカミだった。宗像の三女神の誕生である。

さらに『日本書紀』によれば、アマテラスオオミカミは三女神をいまの福岡県にあたる筑紫国《つくしのくに》に降ろし、彼女たちに神勅を発している。「九州から朝鮮半島に通じる道の途中に坐し、天孫（天皇）を助け、天孫の祭祀を受けよ」と。つまり、九州と朝鮮半島とを結ぶ海路に身をおき、その守護を命じたのである。この三女神は「道主貴《みちぬしのむら》」とも呼ばれる。その名には海の道を守護する神々といった意味がこめられていたのだろう。

その使命を果たすためにイチキシマヒメノカミは辺津宮に、タギツヒメノカミは中津宮に、タゴリヒメノカミは沖津宮に鎮座したが、それらは九州と朝鮮半島とを結ぶ海路に位置している。これが三つの宮をもつ宗像大社の起源とされている。

アマテラスオオミカミの神勅はそのまま当時の朝廷の意志だった。当時の日本は朝鮮半島や唐と交流を重視し、たびたび遣唐船を送り出していたが、そのためにはまず海路の安全が急務だった。その使命を担ったのが宗像の三女神だというわけである。それだけに、朝廷は三女神を丁重に遇したし、朝廷が祭祀を仕切っていたとみられている。

一九五四年（昭和二十九）からの、宗像大社での学術調査がそれを証明している。

その調査では、のちに国宝や重要文化財に指定された、祭祀のための神宝が数多く発掘されている。それは三女神が祀られた宮で、重要な祭祀が行なわれていたことを示している。沖ノ島の場合、祭祀はある時期で途絶え、それは遣唐船が廃止された時期とも符合している。これは宗像大社での祭祀が、国家の意志だったことを物語っている。

こうしてイチキシマヒメノカミ、タギツヒメノカミ、タゴリヒメノカミは国家の鎮護や海路の神々として崇められ、宗像大社はその名を高めていく。大化の改新ののち、その地域は大社の「神郡《かみごおり》」とされたが、それが当時の大社の威光と名声を証明している。

平安時代以降は武家にも崇敬され、その後、野にあっては海にかかわる漁業の守護神としてはじまり、醸造、交通安全などの神々として広く信仰されるようになった。

ちなみに、広島県の宮島にある厳島神社その祭神は宗像の三女神である。これは推古天皇の時代、宗像大社から分祀されたためだ。そののち、平氏の総大将、平清盛が厳島神社を篤く崇敬し、以来、平氏の氏神として絢爛《けんらん》な神社に変身していった。

★宗像大社＝福岡県玄界町。例祭は十一月十五日。ほかにも、四月には春季大祭、十一月には秋季大祭、十二月十五日には三女神を祀る伝統的な古式祭も。

鹿島《かしま》神宮・香取《かとり》神宮――武勇の神を祀る東国の大社――

常陸国（茨城県）と下総国（千葉県）は利根川をはさんで隣接し、常陸国に鹿島神宮、下総国に香取神宮があり、それらには通じるものが少なくない。どちらももとはそれぞれの国の一宮だったし、古くから「神宮」と呼ばれた点でも似ている。

神宮と名のつく神社は全国で二三を数えるが、その多くは明治以降に創建されたか、創建は古くても明治以降に神宮に昇格している。明治神宮や橿原神宮などが前者だし、宇佐神宮や鵜戸神宮が後者の代表格だろう。その点、伊勢神宮は別格としても、古くから神宮と称したのは鹿島神宮と香取神宮だけだ。奈良や京都には由緒ある大社が名を連ねているが、両神宮はともに東国の大社だったのである。

鹿島神宮の祭神は国ゆずりの神話に登場するタケミカヅチノオノカミだ。

タケミカヅチノオノカミはイザナギノミコトが火の神、カグツチノカミ（迦具土神）の首を斬ったとき、剣《つるぎ》の鍔《つば》にほとばしった血から生まれたとされる。

諏訪大社の項でも述べたが、出雲大社の主祭神、オオクニヌシノミコトの子、タケミナカタトミノミコトはアマテラスオオミカミが派遣した高天原からの使者に完敗して諏訪湖まで遁走《とんそう》したが、その使者がタケミカヅチノオノカミである。

また、神武天皇の東征の神話では、天皇の一行は大和入りする途上で賊に遭遇したが、このとき、タケミカヅチノオノカミは自分の代理として霊剣、フツノミタマを下して賊を平定している。その霊剣は鹿島神宮の神霊とされ、国宝に指定されている。

鹿島神宮

　これらの話でも、タケミカヅチノオノカミは武勇の神、剣の神だったことがわかるだろう。鹿島神宮が武勇の神、とくに武道の神として崇敬されるゆえんだろう。そういえば、映画やテレビの時代劇では剣道場のシーンが登場し、その床の間には必ず「鹿島大明神」の掛け軸がかかっている。それにもれっきとした理由があったのである。

　神話だけでなく、鹿島神宮には実際に剣術の道場がおかれ、鹿島流と呼ばれていた。その門下生のひとりが伝説的な剣の使い手、塚《つか》原卜伝《はらぼくでん》である。

　武勇の神だけの武家の崇敬は篤く、源頼朝

はたびたび神領を寄進し、徳川家康も二〇〇〇石を寄進し、社殿を造営している。その流れを汲む分社は茨城に約五〇〇社、関東近県にはあわせて九〇〇社といわれ、それらは東北にも広がっている。それは平安時代以降、蝦夷《えぞ》の平定が重要な問題となり、鹿島神宮がその拠点とだったからだといわれる。

その鹿島神宮で思い出すのが「鹿島立ち」という言葉だろう。万葉集の時代、勇猛で知られた東国の人びとは防人《さきもり》として九州の筑紫国《つくしのくに》（福岡県）におもむいたが、そのとき、常陸国《ひたちのくに》の人びとは神宮にあつまり、訓練されてこの地から旅立ったことで「鹿島立ち」という言葉が生まれ、いまなお、長い旅に出るときには「鹿島立ち」という。三月一日の「祭頭祭《さいとうさい》」も、もとは防人の祭が原型だといわれる。

また、この神宮にはタケミカヅチノオノカミのほかに二柱の相殿《あいどの》の神がいる。国ゆずり神話にタケミカヅチノオノカミと登場するフツヌシノカミと、天の岩屋で祝詞を奏上したアメノコヤネノカミだ。このうちのフツヌシノカミは香取神宮の主祭神である。

フツヌシノカミも武勇の神、剣の神とされ、タケミカヅチノオノカミに似ている。この神々は同一の神だとする説さえある。香取神宮には相殿の神としてヒメノカミとともに、タケミカヅチノオノカミとアメノコヤネノカミの名が見える。

鹿島神宮の祭神、タケミカヅチノオノカミがここでは相殿の神なのである。

さらに、タケミカヅチノオノカミとフツヌシノカミは藤原氏の崇敬が篤く、奈良に春日大社が創建された折り、そろって春日野の地に祀られることになった。

利根川をはさんで鎮座する両神宮は兄弟のような関係である。事実、両神宮は「鹿島・香取」とならび称され、多くの参詣者たちでにぎわうようになる。ともに武勇の神だったが、やがて産業の神、水運の神、開拓の神などとして親しまれたからである。

★鹿島神宮＝茨城県鹿嶋市。例祭は三月九日。

★香取神宮＝千葉県佐原市。例祭は四月十四日。

龍田《たつた》大社・広瀬神社――大和に鎮座した風の神と水の神――

龍田川は奈良の生駒谷《いこまだに》を源流とし、古くから知られていた。在原業平《ありわらのなりひら》も『古今和歌集《こきんわかしゅう》』でこう歌っている。「ちはやぶる神代も聞かず龍田川　から紅《くれない》に水くぐるとは」と。龍田大社はその龍田川の近くにあり。法隆寺がある斑鳩《いかるが》の里からも遠くない。

祭神は風の神として知られるアマツミハシラノミコト（天御柱命）と、クニツミハシラノミコト（国御柱命）である。風はときには稲づくりに大きな被害をもたらすが、アマツミハシラノミコトとクニツミハシラノミコトは暴風や竜巻を防ぐ風神とされる。一説には、アマツミハシラノミコトはシナツヒコノミコト（級長津彦命）ともされる。シナツヒコノミコトは伊勢神宮、内宮の風日祈宮に祀られている神である。

崇神天皇の時代、農民たちは暴風や洪水による凶作に苦しみそれを知った神が神勅を発したのだ。龍田に社をつくり、祀るように、と。そうすれば凶作はたちまち豊穣となり、疫病の流行も止むだろう、と。これが龍田大社の起源である。その龍田大社では古来、風にか暴れるのを防ぎ、五穀豊穣を祈る風神祭《ふうじんさい》がおこなわれてきた。

龍田大社

ぜ、暴れる風を防ぐ神が龍田の地なのか、それはさだかではない。

ただ、龍田は生駒山系と葛城《かつらぎ》山系《さんけい》にかこまれた谷底のような地にあり、谷間からの風が吹きこむとされる。私も生駒山の信貴山《しぎさん》から降りて龍田大社の脇を抜けた経験があり、そのとき、龍田あたりで強風に遭遇した記憶がある。そう考えれば、龍田にアマツミハシラノミコトと、クニツミハシラノミコトを祀ったのは理解できるような気がする。

龍田大社から遠くない河合町に広瀬神社という社がある。

広瀬の地名は初瀬《はっせ》川、高田川、曽我《そが》川が合流する地点だからといい、それはやがて大和川になっていく。そこは水利上の要地だった。ふだんは農耕に必要な水を供給してくれるだが、いったん川があふれれば、それは凶器となって畑を呑みつくしてしまう。

そのために創建されたのが水の神を祀る広瀬神社だった

広瀬神社の祭神はワカウカノヒメノミコト（和加宇加乃売命）であり、クシタマヒメノミコト（櫛玉姫命）とミズホイカズチノカミ（水穂雷神）とされるが、その素性はあまりわかっていない。ただ、それらの神々を祀る大忌祭では水が怒るのを防ぎ、五穀の豊穣が祈られる。このあたりでは、その大忌祭《おおいみさい》と龍田大社の風神祭はセットで考えられていたという。古代の人びとは風の神と水の神に対して五穀豊穣を祈ったのだろう。

★龍田大社＝奈良県生駒郡三郷町。例祭は四月四日。
★広瀬神社＝奈良県北葛城郡河合町。例祭は四月四日。

秋葉山《あきばさん》本宮秋葉《あきば》神社——火難を防ぐ神が棲む天狗の山——

奈良の龍田大社が暴風を防ぐ風の神、その近くの広瀬神社が田畑を洪水から守る水の神だったとすれば、静岡の秋葉山本宮秋葉神社は火伏《ひぶ》せの神の社として知られる。

秋葉山本宮秋葉神社は赤石《あかいし》山脈の最南端、天竜川の上流に位置し、標高八六六メートルの秋葉山の頂に上社、天竜川の支流に沿った山麓に下社がある。その祭神は火の神、カグツチノカミ（迦具土神）である。七〇二年（大宝二）の創建だと伝えられる。

この神さまは父親はイザナギノミコト、母親はイザナミノミコトであり、イザナミノミコトはこの子を生んだがためにその身を焼かれ、死者たちが棲む黄泉《よみ》の国に行くことになった。そんな妻を慕ってイザナギノミコトが黄泉の国にむかい、妻の怒りを買い、あわや殺されかけたとはすでに書いた通りである。その神話では、私たちに必要な火もときに業火となり、ヒトさえも容易に焼き尽くしかねないと思い知らされる。

その反面、火はときにモノを生成する生産的な一面をもっている。そのため、カグツチノカミは別名、ホムスビノカミ（火産霊神）とも呼ばれている。

山岳地帯にあるせいか、秋葉山本宮秋葉神社は山岳信仰にはじまり、神仏習合の時代には熊野三山や白山とおなじように修験道が盛んだったといわれる。事実、秋葉山には秋葉寺があり、三尺坊《さんじゃくぼう》大権現が山の鎮守の役割を果たしていたのである。

三尺坊は信濃国（長野県）に生まれて早くに出家、のち、越後国（新潟県）の寺で坊の主となり、そこから白いキツネにまたがって秋葉の山に飛来したという。三尺坊とは寺の坊の名に由来している。彼は火伏せの霊力を誇り、空を飛ぶのも自在の天狗だと信じられてきた。奥深い山を飛び歩く修験者のイメージが天狗を連想させたのだろう。

秋葉神社

三尺坊の伝説もあって、秋葉山本宮秋葉神社は火難を防ぐ神として庶民にも信仰され、東海から関東地方にかけて「秋葉信仰」が広がっていった。

それを支えたのが「秋葉講《あきばこう》」であり、多くの人びとが秋葉山に参詣している。それは江戸時代にそのピークを迎えるが、江戸の市中でも信仰が篤かったという。江戸ではたびたび町を焼き尽くす大火に見舞われ、人びとは火の恐ろしさを身をもって知っていた。それだけに、火難を防ぐ神、カグツチノカミには格別の思いがあったのだろう。

秋葉山とおなじくカグツチノカミを祀るのが京都の愛宕《あたご》神社である。

愛宕神社の主な祭神はカグツチノカミの母親、イザナミノミコト五神であり、カグツチノカミは若宮にイカヅチノカミ（雷神）らは一緒に祀られているが、火難《かなん》を防ぐ神、カグツチノカミへの信仰がより知られるようになった。そのため、全国各地にカグツチノカミが分祀され、創建された神社は八〇〇社にのぼるといわれる。

この神社は関西の人びとには「千日詣《せんにちもうで》」で知られている。千日詣とは八月一日に参詣すれば一〇〇〇日分の参詣にあたることをいい、この日は深夜まで参詣客でにぎわう。

一方、東京タワーのすぐに近くの小高い丘は愛宕山と呼ばれる。ここはＮＨＫが最初にラジオ放送を開始した場所であり、いまは放送博物館となっている。その山にも京都の愛宕神社から分祀された愛宕神社がある。その創建は一六〇三年（慶長八）とされているが、これも江戸の人びとが京都から防火の神、カグツチノカミを呼び寄せたのだろう。

★秋葉山本宮秋葉神社＝静岡県春野町。例祭は十二月十五日と十六日。十六日の夜半には有名な「秋葉の火祭り」がおこなわれる。

★愛宕神社＝京都市右京区。例祭は九月二十八日。

あとがき

一九六六年の春から一九六九年の秋ごろまでの約三年半、私は伊勢と二見浦に住んでいた。第五章で書いた伊勢の皇學館大学の文学部国文学科に在籍していたからだ。在籍していたといっても、一年次を除いてほとんど教室には顔を出していない。

最後の一年間は二見浦の民宿の離れを借り、海を眺め、下宿先の民宿を手伝い、読書三昧の日々を送っていた。学生でありながら、教室に顔を出さない妙な学生だった。

ある教授は私がドイツ語の教師となり、哲学を学ぶように勧めてくれた。教授はドイツ文学では有数の学者だったし、教授の勧めに心を動かされ、東京の荻窪《おぎくぼ》で下宿していた時期もある。しかし、結局、私はその道を断念し、二見浦から東京に出奔《しゅっぽん》、マスコミの世界に身をおき、三十歳代のはじめから著作活動に入った。大学は中退である。

なぜ、大学に背をむけたかといえば、教室での講義に馴染《なじ》めなかったからだ。そこでは法学の教授が大日本憲法を論じ、国史系統の教授は天皇中心の国家が日本の本来の姿だと語っていた。それらを耳にするたびに、私は時代錯誤の匂いに悩まされていた。世の中は一九七〇年の安保問題にゆれ、学生運動が激しさをまそうとしていた。

それが時代の空気だった。そんな私に伊勢の教室は異次元の世界だった。だからこそ、教室に背をむけたし、最終的には大学を去った。それを後悔はしていない。もしも東京の大学にすすんだとしても、結局は中退し、現在の道を選択していたにちがいない。

しかし、伊勢の町は私には忘れられない第二の故郷である。

教室には顔を出さなかったが、伊勢の神宮の清冽な大気には感動したし、素朴な神々の存在を身近に実感したりした。それは新鮮な経験だった。伊勢の風土は温暖であり、町の人びとは温かかった。学生のような、学生でないような私をあたたかく迎えてくれた。あの町に住まなければ、私が神々に興味を抱くことは永遠になかっただろう。

もの書きになったあと、私はいつかは伊勢の神々のことを書くだろうと思った。それは教授たちが教室で語った異次元の世界ではない。素朴な神々の世界、ふつうの日本人がふつうの日本人として日本の神々を知り、ふつうの言葉で語った世界である。

そんな私は一九九九年、『伊勢・熊野謎とき散歩』という本を書いた。それは私がはじめて書いた伊勢と熊野の世界だった。そのきっかけはその前年、熊野から奈良の十津川《とつがわ》に旅し、勤皇の里だった十津川の村に興味を抱いたからだ。辺境の山里で農林業を営みながら、いつの世も勤皇の志士として生きた十津川の人びとに惹《ひ》かれたのである。

その本を書いたのは伊勢を出奔してから三〇年も経ってからだ。

逆にいえば、伊勢の町に感謝しながらも、あの教室での苦い記憶は消えなかった。だからこそ、神々の世界を書くには三〇年を必要としたのだろう。その延長線上で書いたのが本書である。これまでさまざまな本を書いてきたが、神々の世界は緒《ちょ》についたばかりだ。これから先、私が神々の世界をどう見、どう考えるかは私自身にもわからない。ただ、ごくふつうの日本人の目で日本の神々とその世界を書きたいと願っている。

大学とは縁を絶ったとはいえ、人びととの縁はいまだにつづいている。

出版の道を開いてくれたフレッシュ・アップ・スタジオにも感謝しなければならない。最後に、伊勢の町をこよなく愛し、百貨店の常務として活躍しながら、昨夏、突然にガンで逝った伊勢時代の弟、豊田泰由《とよだやすよし》君にこの本を贈りたいと思う。

平成十八年一月　　東京・本郷にて

井上宏生

■参考文献一覧

『日本神話事典』大林太良、吉田敦彦監修　大和書房
『神社辞典』白井永二、土岐昌訓編　東京堂出版
『日本の神々の事典』薗田稔　学研
『事典　外国人が見た日本』富田仁編　日外アソシエーツ
『世界の宗教と経典　総解説』自由国民社
『古事記』青木和夫ほか校注　岩波書店
『日本書紀』坂本太郎ほか校注　岩波書店
『日本の神道』津田左右吉　岩波書店
『神道』三橋健編　大法輪閣
『神道』伊藤聡、遠藤潤、松尾恒一、森瑞枝　東京堂出版
『神社』岡田米夫　東京堂出版
『宗教とはなにか』小林道憲　日本放送協会
『日本宗教とは何か』久保田展弘　新潮選書
『日本の宗教』山折哲雄監修、川村邦光著　東京美術
『日本の神話を考える』上田正昭　小学館
『日本神話の神々』戸部民夫　三修社
『日本の神話』上田正昭　岩波新書
『神話の系譜』大林太良　青土社
『神々の系図』川口謙二　東京美術選書

参考文献一覧

『別冊太陽　日本の神』平凡社
『続・神々の系図』川口謙二　東京美術選書
『祭りの構造』倉林正次　日本放送協会
『祭』五木寛之編　作品社
『古代の神社と祭り』三宅和朗　吉川弘文館
『わかりやすい神道の歴史』神社本庁研修所編　神社新報社
『神道いろは』神社本庁教学研究所監修　神社新報社
『神道のしきたりと心得』神社本庁教学研究所監修　池田書店
『鳥居〜百説百話』川口謙二ほか　東京美術
『国家神道』村上重良　岩波新書
『宣長と篤胤の世界』子安宣邦　中央公論社
『近代の神社神道』弘文堂　阪本是丸
『伊勢神宮と全国「神宮」総覧』新人物往来社
『お伊勢参り』矢野憲一ほか　新潮社
『伊勢神宮の衣食住』矢野憲一　東京書籍
『伊勢の神宮』神宮司庁
『宇佐宮』中野幡能　吉川弘文館
『安芸厳島神社』松岡久人　法蔵館
『鹿島神宮』東実　学生社
『出雲大社』千家尊統　学生社
『八坂神社』八坂神社編

『伊勢神宮』桜井勝之進　学生社
『学問の神さま』鎌倉新書
『神社』川口謙二　東京美術
『伊勢・熊野　謎とき散歩』井上宏生　廣済堂出版
『京都　火と水と』大村しげ　冬樹社
『企業の神社』神社新報社編
『仏教植物散策』中村元編著　東京書籍
『孔子と論語がわかる事典』井上宏生　日本実業出版社
『日本の信徒の神学』隅谷三喜男　日本キリスト教団出版局
『バテレン追放令』安野眞幸　日本エディタースクール出版部
『ギリシャの神々』曽野綾子、田名部昭　講談社
『ギリシャ神話』松島道也　河出書房新社
『ギリシャ・ローマの神話』吉田敦彦　筑摩書房
『イタリア使節の幕末見聞記』V・F・アルミニヨン、大久保昭男訳　新人物往来社
『フランス人の幕末維新』M・ド・モージュ　市川慎一、榊原直文編訳　有隣新書
『大神神社』中山和敬　学生社
『八坂神社』高原美忠　学生社
『熱田神宮』篠田康雄　学生社
『熊野大社』篠原四郎　学生社
『太宰府天満宮』西高辻信貞　学生社

★読者のみなさまにお願い

この本をお読みになって、どんな感想をお持ちでしょうか。次ページの「100字書評」（原稿用紙）にご記入のうえ、ページを切りとり、左記編集部までお送りいただけたらありがたく存じます。今後の企画の参考にさせていただきます。また、電子メールでも結構です。

お寄せいただいた「100字書評」は、ご了解のうえ新聞・雑誌などを通じて紹介させていただくこともあります。採用の場合は、特製図書カードを差しあげます。

なお、ご記入のお名前、ご住所、ご連絡先等は、書評紹介の事前了解、謝礼のお届け以外の目的で利用することはありません。また、それらの情報を六カ月を超えて保管することもありません。

〒一〇一―八七〇一　東京都千代田区神田神保町三―六―五　九段尚学ビル
祥伝社　書籍出版部　祥伝社新書編集部
電話〇三（三二六五）二三一〇　E-Mail : shinsho@shodensha.co.jp

★本書の購入動機（新聞名か雑誌名、あるいは○をつけてください）

＿＿＿＿新聞の広告を見て	＿＿＿＿誌の広告を見て	＿＿＿＿新聞の書評を見て	＿＿＿＿誌の書評を見て	書店で見かけて	知人のすすめで

★100字書評……神さまと神社

名前

住所

年齢

職業

井上宏生　いのうえ・ひろお

1947年、佐賀県生まれ。皇學館大学を中退後、週刊誌・月刊誌等の記者を経て、ノンフィクション作家となる。カレー、スパイスの歴史研究の分野でも知られるが、本書のテーマ「神と神社と日本人」は、伊勢の地で過ごした学生時代から長らくあたためていたもの。著書に『伊勢・熊野／謎とき散歩』『スパイス物語』『日本人はなぜカレーライスが好きか』『孔子と論語がわかる事典』など多数。

神《かみ》さまと神社《じんじゃ》

日本人なら知っておきたい八百万《やおよろず》の世界

井上宏生《いのうえひろお》

2006年3月5日　初版第1刷発行
2013年3月10日　第10刷発行

発行者……………竹内和芳
発行所……………祥伝社しょうでんしゃ
〒101-8701　東京都千代田区神田神保町3-3
電話　03(3265)2081(販売部)
電話　03(3265)2310(編集部)
電話　03(3265)3622(業務部)
ホームページ　http://www.shodensha.co.jp/

装丁者……………盛川和洋
印刷所……………萩原印刷
製本所……………ナショナル製本

Printed in Japan　ISBN978-4-396-11035-2　C0214

〈祥伝社新書〉好評既刊

- 001 **抗癌剤** 知らずに亡くなる 年間30万人　平岩正樹
- 002 **模倣される日本** 映画、アニメから料理、ファッションまで　浜野保樹
- 003 **「震度7」を生き抜く** 被災地医師が得た教訓　田村康二
- 006 **医療事故** 知っておきたい実情と問題点　押田茂實
- 007 **都立高校は死なず** 八王子東高校躍進の秘密　殿前康雄
- 008 **サバイバルとしての金融** 株価とは何か・企業買収は悪いことか　岩崎日出俊
- 010 **水族館の通《つう》になる** 年間3千万人を魅了する楽園の謎　中村　元
- 012 **副作用** その薬が危ない　大和田　潔
- 014 **日本楽《ラク》名山** 50歳からの爽快山歩き　岳　真也
- 017 **自宅で死にたい** 老人往診3万回の医師が見つめる命　川人　明
- 018 **戦争民営化** 10兆円ビジネスの全貌　松本利秋
- 021 **自分を棚にあげて平気でものを言う人**　齊藤　勇
- 023 **だから歌舞伎はおもしろい**　富澤慶秀
- 024 **仏像はここを見る** 鑑賞なるほど基礎知識　瓜生《うりゅう》　中《なか》
- 025 **メロスが見た星** 名作に描かれた夜空をさぐる　鮀名　博／えびなみつる
- 026 **村が消えた** 平成大合併とは何だったのか　菅沼栄一郎
- 028 **名僧百言** 智慧を浴びる　百瀬明治
- 029 **温泉教授の湯治力** 日本人が育《はぐく》んできた驚異の健康法　松田忠徳
- 030 **アメリカもアジアも欧州《ヨーロッパ》に敵《かな》わない** 「脱米入欧」のススメ　八幡和郎
- 032 **西部劇を見て男を学んだ**　芦原　伸
- 034 **ピロリ菌** 日本人6千万人の体に棲《す》む胃癌の元凶　伊藤愼芳
- 035 **神さまと神社** 日本人なら知っておきたい八百万《やおよろず》の世界　井上宏生
- 037 **志賀直哉はなぜ名文か** あじわいたい美しい日本語　山口　翼《たすく》
- 038 **龍馬の金策日記** 維新の資金をいかにつくったか　竹下倫一《ともかず》
- 039 **前立腺** 男なら覚悟したい病気　平岡保紀
- 040 **ロウソクと蛍光灯** 照明の発達からさぐる快適性　乾　正雄
- 041 **日露戦争　もう一つの戦い** アメリカ世論を動かした五人の英語名人　塩崎　智
- 042 **高校生が感動した「論語」**　佐久　協《やすし》
- 043 **日本の名列車**　竹島紀元《としもと》
- 044 **組織行動の「まずい!!」学** どうして失敗が繰り返されるのか　樋口晴彦
- 045 **日本史に刻まれた最期の言葉**　童門冬二
- 046 **日本サッカーと「世界基準」**　セルジオ越後
- 047 **大相撲　大変**　松田忠徳
- 048 **YS-11　世界を翔《か》けた日本の翼**　中村浩美
- 049 **戒名と日本人** あの世の名前は必要か　保坂俊司
- 050 **インドビジネス** 驚異の潜在力　島田　卓
- 051 **グレート・スモーカー** ——歴史を変えた愛煙家たち　祥伝社新書編集部編
- 052 **人は「感情」から老化する** 前頭葉の若さを保つ習慣術　和田秀樹
- 053 **「日本の祭り」はここを見る**　八幡和郎／西村正裕
- 054 **山本勘助とは何者か** 信玄に重用された理由　江宮隆之
- 055 **まず「書いてみる」生活** 「読書」だけではもったいない　鷲田小彌太
- 056 **歯から始まる怖い病気**　波多野尚樹

以下、続刊